AF366782

El sabor de mi nombre en su boca

Candela Escribá Pérez

Cris parecía disfrutar mucho cuando me nombraba porque se le llenaba la boca de vocales, nadie hasta entonces había pronunciado mi nombre como él lo hacía, como si descorchara un gran reserva sabiendo que lo iba a degustar despacio, descubriendo todos los matices. Entonces yo sucumbía a la tentación y le besaba en la boca para saber a qué sabía mi nombre. Él me enseñó a saborear la vida.   .

ÍNDICE

PRÓLOGO
La escritura compasiva

Por encima de cualquier otra consideración, el libro que ahora se abre ante nosotros es el fruto de un encomiable acto de empoderamiento y de generosidad, cualidades ante las que no podemos sino sentir una sincera admiración y un profundo agradecimiento.

Como cualquiera de nosotros, Candela sabe *lo que es sufrir*. Esto es natural, pues el sufrimiento forma parte de nuestra experiencia vital y es, de alguna manera, un síntoma de que estamos realmente vivos. Pero ella, además, sabe *acerca del sufrimiento*, lo que significa que ha realizado un aprendizaje a través del mismo. Y es ese aprendizaje lo que hoy, en estas páginas, quiere compartir con nosotros.

A menudo se dice que se aprende a fuerza de golpes. Esta afirmación, un tanto brusca, tiene su parte de verdad. Y es que el sufrimiento posee algo de "bofetada" o de "jarro de agua fría" que nos despierta de nuestro adormecimiento y nos empuja hacia la atención plena, hacia un darnos cuenta de dimensiones de la realidad que con frecuencia se nos escapan. El mito de los paraísos perdidos avala este hecho, pues efectivamente solemos valorar lo mejor de nuestras vidas sólo después de haberlo perdido. Por eso este libro, que al abordar el tema del duelo puede parecer un libro triste, se convierte en un canto a la vida, una invitación a la felicidad, ya que contiene algunas de las claves de la misma a través de una reflexión sobre las pequeñas grandes cosas que cada instante nos regala para nuestro disfrute.

Como subraya la propia autora, el sufrimiento nos conduce hacia la búsqueda de un sentido, y en ésta es indispensable el coraje para mirar cara a cara las cosas que nos hacen sufrir. Ella ha tenido ese coraje, ha interrogado ese sufrimiento para llegar a comprender su naturaleza y su dinámica, sus causas, consecuencias y el camino que conduce a su superación. Y es de esta forma como ha conseguido reducirlo a dolor, consumando así una primera etapa, de capital importancia, para esa superación. Porque si el dolor duele, el sufrimiento imposibilita. Aquél es inevitable, pero nos permite no sólo vivir sino también disfrutar de la vida, mientras que éste la vuelve insoportable. El primero es inevitable, pero el segundo no, al depender de la actitud que adoptemos frente al dolor.

La segunda etapa cubierta por Candela ha sido la transformación de ese dolor en aprendizaje, esto es, en conocimiento útil para la vida, con lo que se consuma el viaje hacia el sentido. Para ello, se ha servido de un instrumento cuya importancia suele pasar inadvertida, pero que siempre está a nuestra disposición: la escritura. La escritura nos permite estructurar lo vivido a través del lenguaje y convertirlo en experiencia, ese *saber* que es posible extraer de todo cuanto nos acontece. No me refiero aquí a la escritura literaria, la de los profesionales que ganan su sustento con ella, sino a esa preciosa habilidad que empezamos a desarrollar cuando somos niños y que permanece ahí, muy cerca, durante toda nuestra vida. Esa habilidad que a veces se convierte en necesidad, como en este caso.

A Candela le gusta escribir, es más, siente la necesidad de hacerlo, lo sabemos quienes tenemos la suerte de conocerla. Lo hace constantemente, no sólo en cualquiera de las libretas que guarda aquí y allá, sino también en ese *blog* que regala cada día a nuestra mirada. Porque a Candela le gusta también compartir. Por eso un día decidió transformar ese diario personal que la ayudaba a atravesar su duelo, a ponerse en pie y caminar sobre su dolor, a empoderarse en definitiva, en historia, la historia de dos personas que se amaron y de una de ellas después de la partida del ser amado.

La particularidad de este libro es que la historia que cuenta no es una historia de ficción, ni siquiera una ficción basada en la realidad. La historia que contiene este libro es una historia vivida paso a paso por quien la ha escrito. De ahí que contenga una verdad. Y es así como debe ser leída para poder aprovechar sus páginas en todo lo que valen. Las buenas ficciones obedecen al principio de la verosimilitud, esa coherencia interna en su composición que les otorga apariencia de verdaderas, mientras que las *historias de vida,* género al que pertenece el relato que estamos a punto de leer, obedecen al criterio de verdad, lo que significa que han ocurrido realmente. Si hago hincapié en esta diferencia no es para dar lugar a una comparación entre ambos géneros, sino para subrayar la valentía de quien se desnuda ante los lectores poniendo a su alcance emociones que no son las de unos personajes inventados sino las de un ser de carne y hueso que asume el riesgo de salir del anonimato y confesar públicamente los sentimientos más profundos que guardaba en su corazón. Y lo hago porque de esta manera llegamos a la segunda cualidad de estas páginas: su generosidad.

La propia autora explicita su intención en un momento de su escritura: "…creo que compartir lo que me ha servido a mí en mi historia única puede ser útil para otros en sus propia historias únicas". E insiste a lo largo del libro en que la verdad que cuenta es tan sólo su verdad y no tiene por qué ser la de cada uno de sus lectores, lo que revela el respeto que siente por los mismos, su comprensión, desde su propia experiencia, de la experiencia de los otros. Porque si bien por una parte cada historia es única, por otra hay ingredientes comunes a todas las historias que las unen, entre los cuales se encuentra, naturalmente, esa convicción (yo también la conozco) de estar viviendo una historia única. Dicho de otro modo: lo que pasa a uno de nosotros nos pasa a todos. Todos hemos pasado, estamos pasando o habremos de pasar varias veces por un duelo ante la ausencia de un ser querido. De ahí que resulte sencillo reconocerse en estas páginas, encontrar en ellas huellas de nuestras propias pisadas.

Ésta es la esencia de la verdadera compasión, ese *cum padecere* (*padecer con*) que hace de la compasión un acto de auténtico amor, un *acompañamiento* en el dolor que lo alivia al compartirlo. Algo, por lo demás, lógico en quien desde hace tiempo vive su participación en ese ejemplo de altruismo que es la Asociación Caminar no limitándola a la vivencia de su propio duelo, sino también como voluntaria en el acompañamiento del duelo ajeno.

El sabor de mi nombre en su boca es, pues, un canto a la vida y una invitación a la felicidad porque nos habla del poder creador del amor, de su capacidad para hacernos sentir la existencia no como algo que de pronto se interrumpe, sino como un ciclo inagotable de metamorfosis. Los títulos de los capítulos enumeran minuciosamente cada uno de los pasos de esas metamorfosis, cada una de las dimensiones de ese amor donde se suceden a través de una sutil transición las despedidas y los reencuentros. El diálogo entre Candela y Cristóbal sigue vivo a través del entrelazamiento de los poemas de ambos y de un recuerdo limpio del apego que conducía al sufrimiento, gracias a una generosidad que se practica también durante el tiempo del recordar. Generosidad con quien ha tenido que partir, dejándolo ir hacia ese mar donde se reúnen todos los ríos. Generosidad con quienes nos hemos sentido víctimas de la incomprensión, dirigiendo también hacia ellos nuestra compasión, perdonando su ignorancia, esa ignorancia desde la cual iniciamos todos los seres humanos nuestros aprendizajes. Generosidad con nosotros mismos, liberándonos del sufrimiento, de las emociones negativas que provoca en nosotros, a través de un amor que nos permite transformarlas, salir de ellas fortalecidos, dueños de una sabiduría que nos lleva a comprender el sentido de la vida y a celebrar ésta en cualquiera de sus formas y de sus momentos pasados, presentes y futuros. Ese amor que encontró su expresión más acertada en aquellas bellísimas palabras de Helen Keller:

Lo que una vez disfrutamos, nunca lo perdemos.
Todo lo que amamos profundamente se convierte en nosotros mismos.

Juan Manuel Vera
Laboratorio de Valores

1.- ÉRANSE UNA VEZ, EL CRISTÓBAL Y LA CANDELA

Recuerdo nuestro primer encuentro en la más absoluta incertidumbre; nuestro azaroso primer beso, como un vino joven de chispeante burbuja, ligero y frutal. Yo no sabía entonces, hombre invisible, que las Parcas formarían cadenas trenzadas que nos irían enrollando por su gracioso reloj de arena, ni de su risa de taninos armónicos, ni de su capacidad de ascender por el ánima. Sólo supe de alguna forma que su origen estaba ligado al mío, como la tierra que da vida a las parras, y luego conforma el carácter del caldo, a veces en la más absorbente oscuridad, en su barrica de roble. Ella pensaba en mí como un ave de paso esparciendo al aire plumas inseguras, y se encontró sin querer a bordo de un barco de vela, cuyo puerto final es tan aleatorio que ni los dioses se aventuran a emitir una sospecha razonable, una hipótesis prudente. Ahora, viviendo contenidos en la misma botella, lanzados al mar, ella y yo llevamos dentro nuestro mensaje para quien pueda o quiera encontrarlo. Somos como las letras del vino.

(Cristóbal Sanmartín, *Danza Carmesí*)

De este modo describió Cristóbal el inicio de nuestra historia de amor. Dicen que todas las historias tienen un comienzo y yo no encuentro uno mejor para contar la mía, la nuestra. No encuentro un comienzo mejor para recordar y compartir con aquellos que quieran o puedan encontrar nuestro mensaje embotellado, lanzado al mar de la vida. Si ha llegado a tu orilla te agradecemos que hayas decidido abrir esta botella, que te intereses por esta historia de amor que no es más grande que cualquier otra historia de amor. Quizá lo que tiene de especial es el mensaje en sí, lo que nos hizo únicos. Estoy plenamente convencida de que el sentido último de la vida es experimentar lo que el amor hace con nosotros, cómo puede llegar a transformarnos a través de su alquimia.

Cris describió nuestra historia como azarosa y sin embargo, y esto es lo curioso, añadió que nuestras raíces se entremezclaban desde un mismo origen. Realmente en su ejemplo éramos una misma cepa. Una manera muy bella de decir que cuando nos conocimos nos sentimos extrañamente familiares. No hubo flechazo sino la sensación de que por fin nos habíamos encontrado. No hubo idealización sino una aceptación y respeto profundo hacia el otro. Las historias de amor a veces son así: en noches de luna llena hay almas que se encuentran por azar, extraños que desde el primer momento son familiares y se sienten de vuelta al hogar, ese hogar donde nunca han estado pero que reconocen de inmediato. De ese modo, mirando a ese extraño familiar de pronto están en casa, con independencia del lugar donde se encuentren, como si esas almas se situasen en ese comienzo que, en realidad, es simplemente una continuación, unos puntos suspensivos que se dejaron abiertos algunos capítulos atrás en el libro. Esas almas se alegran de que, por fin, hayan vuelto a coincidir azarosamente en el momento y la hora acordados. Eso es lo que sentí aquella noche de luna llena cuando Cristóbal y yo encarnamos a esos extraños familiares dispuestos a vivir lo que tenían que vivir.

Jamás imaginé que iba a experimentar algo así, ni que el amor era tan bello. La verdadera alquimia que transforma a los individuos en seres humanos. Lo que yo pensaba del amor era otra cosa porque, ahora lo sé, nunca lo había conocido. Quizá algún vislumbre, en la base de cariños amigables, de familia, pero enmarañados de egos y máscaras. Y sin embargo nosotros, dos desconocidos, nos amamos no sé muy bien desde cuándo, porque no hubo un momento determinado en el que yo me diese cuenta de que lo amaba, era como si desde siempre lo hubiese hecho. Sin grandes acciones, sin desgarros, sin miedos de perdernos. Natural como la primavera que no se esfuerza en ser bella, ni fuerza los árboles a florecer.

Nuestra historia fue bien sencilla y si he de empezar por el día en que nos conocimos diría: primero fuimos a tomar un té y cuando lo terminamos, como no queríamos despedirnos, nos fuimos a cenar, y como no queríamos despedirnos fuimos a tomar unas copas, y como no queríamos despedirnos fuimos a pasear a la orilla del mar bajo el embrujo de la luna llena. Utilizamos ese tiempo para ponernos al día. El tiempo se nos escurría entre los dedos mientras sentíamos que comenzábamos a calmar esa añoranza que habíamos tenido el uno por el otro después de tantos siglos. En todo ese tiempo no dejamos de hablar, de hablar y de sorprendernos por esa sensación tan mágica, diferente a nuestro día a día, a lo que acostumbrábamos a llamar vida. Paseamos desde la playa hasta mi casa, un paseo de unos treinta minutos que convertimos en hora y media, y nos despedimos con un dulce abrazo, para volver a vernos al día siguiente y al siguiente y al otro. Desde ese día no volvimos a separarnos.

2.- *VOLAR CON LOS PIES EN EL SUELO*

Yo no tengo jazminera, pero tu olor se me ha pegado al cuerpo, y no paro de respirarme. Me gustaría guardar esta noche en un libro, y así, cada vez que lo abriera, volver a oler el perfume de la más absoluta felicidad.

(SMS de Cristóbal Sanmartín)

Nunca antes me había sentido tan entusiasmada en una relación. Distanciarme de la emoción era la historia que más se había repetido en mi vida en mi relación con los hombres, así evitaba que me rompieran el corazón. Acostumbraba a sentir desconfianza previa me acorazaba con el pensamiento de "eres malo hasta que no me demuestres lo contrario". Tenía que ser más lista que nadie, las malas experiencias y mi falta de autoestima me llevaban a creer que si alguien parecía atraído por mí no podía hacerlo con buenas intenciones.

Y así iba pasando el tiempo de relaciones superficiales que sólo hacían crecer ese vacío interior hasta que un día llegó la horma de mi zapato, ese hombre que desconfió más de mí que yo de él y que me hizo aprender una valiosa lección y no es otra que la que uno atrae a su vida lo que espera de ella. En ese caso yo, hasta entonces, me fijaba en hombres dignos de mi desconfianza, simplemente para confirmar mis creencias. Hoy por hoy, bendigo todas esas historias vividas que me hicieron reconocer y valorar a Cris desde el primer momento. Bendigo especialmente a ese gran maestro, a ése que desconfió tanto de mí que me hizo darme cuenta de mi manera torpe de actuar. Gracias a todo esto Cris y yo tuvimos la oportunidad de reconocernos y encontrarnos en el lugar y la hora acordados.

Nos resultaba extraño, no éramos adolescentes en absoluto, yo acababa de cumplir los 32 años y él rondaba los 40 y sin embargo nos ilusionamos, inocentemente, como si no pudiésemos hacer otra cosa que amarnos y al mismo tiempo sabiendo que aquello era un milagro. Que tantas coincidencias desacompasadas, que tantos momentos significativos vividos a destiempo en nuestras vidas por separado, que tantas heridas a medio cicatrizar nos resultaban reconocibles en el otro no podía ser fruto de la casualidad. Dos soñadores, buscadores de la Verdad, amantes de la poesía, creyentes de la Utopía y nuestros corazones con remiendos dispuestos esta vez a que nos lo rompieran de nuevo. Mucha casualidad. Nos conocimos en el momento preciso en el que pudimos darnos cuenta, en el que estábamos preparados para amarnos.

Mario Benedetti dice en un poema que dos soledades pueden hacer una llama. Siempre me había parecido un poema triste, me parecía que hablaba de la desesperación con que nos aferramos, para evitar la soledad, a la primera persona que se nos acerca. Como suele pasar en la vida, las cosas se entienden cuando se viven: dos soledades como las nuestras se dieron cuenta del milagro de ese maravilloso encuentro nada más verse. Y nos vimos, ¡vaya si nos vimos! No dejamos de vernos. Encontré a ese ser dulce, que me permitía ser dulce y sí, lo reconozco, nos convertimos en ese tipo de parejas empalagosas de las que me reía antes con cierta envidia, esas que se hablan en diminutivos y siempre van de la mano, con o sin pretextos. No éramos aptos para diabéticos, pero nos daba igual, éramos muy, muy golosos. Todos los días Cristóbal me escribía un pequeño mensaje, minipoemas de amor que cabían en los caracteres de un SMS. En ese momento supe que la ternura era un factor clave para mi felicidad en una relación de pareja.

Algunos de mis amigos, acostumbrados a que yo tiempo atrás empleara la ironía y el cinismo al describir mis relaciones, ahora veían que me estaba comportando como una aprendiza de ñoña, empleando metáforas cursis para expresarme y me lo hicieron notar. Tengo que admitir que me hicieron pensar que quizá pudieran tener razón, por eso mantuve una conversación con Cris sobre la conveniencia de ser cautos e ir despacio hasta conocernos mejor, a pesar que sintiésemos que nos conocíamos de toda la vida y que en absoluto estábamos acelerando nada. Lo que no esperaba fue la respuesta que me dio, sencilla pero que llegó al lugar donde tenía que llegar: "Si los jugadores de un partido de fútbol salen al campo pensando en la posibilidad de perder, no tiene sentido que jueguen porque la partida estaba perdida de antemano". Estas simples palabras dichas en el momento adecuado hicieron que algo en mi cerebro cambiase, como si hubiese pulsado un interruptor que daba luz a algo que hasta entonces había estado a oscuras. Me di cuenta de que yo había saboteado todas mis relaciones sentimentales antes de empezarlas porque nunca había creído que tuvieran futuro. Así pues, esta vez decidí arriesgar, aprender a confiar. Había aprendido que uno atrae lo que espera y ahora decidí probar algo nuevo para mí, confiar en que ésta iba a ser una bonita e intensa historia de amor. Salté a la piscina y me quedé en el aire, flotando y disfrutando de esta nueva sensación parecida a volar.

A él se le ocurrían muchas metáforas que yo disfrutaba. Un día me dijo que en realidad podríamos tener naturaleza de vencejos. No entendí este comentario, en qué pudiésemos nosotros parecernos a unos pájaros, todavía no sabía que Cris admiraba las aves, sus movimientos y su capacidad de volar. Me explicó que los vencejos tenían una peculiaridad: ellos siempre vuelan, nunca pisan suelo porque en el momento en el que lo hacen no pueden retomar el vuelo. Sólo se posan para poner huevos en sitios más altos, riscos elevados o cornisas y los polluelos tienen una oportunidad para aprender a volar, lanzarse una vez, a la primera. Nunca más vuelven al nido. Le pregunté que cómo descansaban entonces estos pájaros, si es que no dormían. Al parecer esos pájaros volaban muy, muy alto, y después planeaban lentamente en círculos, aprovechando para descansar. ¿Qué queréis que os diga? A mí me parecían tan bonitas las metáforas que se le ocurrían, que me hacían seguir volando. Así que puede que Cris y yo no fuésemos más que un par de vencejos.

Poco tiempo después tuve un sueño, un bonito sueño donde yo me encontraba en clase de yoga y, de repente, en uno de los ejercicios, comenzaba a flotar. Flotaba a mi voluntad, controlando la altura, la dirección y la velocidad. La sensación que me embargaba era de alegría y sorpresa. Entonces buscaba a mi profesor para que me enseñara qué hacer con esta nueva capacidad que había adquirido. Él me hacía bajar y me decía: "Ahora tiene que parecer que apoyas los pies en el suelo, sigue flotando pero que parezca que andas. La gente no está acostumbrada a ver a las personas volar y no lo entendería". Y eso es lo que traté de hacer a partir de entonces, flotar pero sin que se notase, fingiendo que con los pies pisaba el suelo al andar.

3.- LA VISIBILIDAD EN LO INVISIBLE

Miradle, es el hombre invisible,
humo, transparencia
de nuestros pulmones,
color inadecuado de toda córnea,
matices sin brillo.

Sus huesos,
paredes que atravesamos,
suelos cedidos al tacto de un pie,
minucia o insecto aplastado
en ilegibles libros.

Su alma,
desposeída de errancia,
sin cadenas que declarar
a la piedra de los dioses.

Llamadle,
carece de alfabeto,
no tiene motes
ni apodos con los que dar cariño a un nombre.

Dejadle,
está amarrado al aire,
una nube
le dio forma

Y sin embargo yo lo vi. Vi esa gran alma desde el primer instante, su sensibilidad, su dulzura, su curiosidad de niño grande, su capacidad de mirar a los ojos y llegar a lo más profundo de mí. Cuando nos miramos, nos vimos, a pesar de los mantos de invisibilidad que nos cubrían. Los dos estábamos solos y teníamos una historia detrás, una historia que nos concedía la oportunidad de conocernos.

Para hablar de él debiera decir que quizá fue el desmedido amor de su madre que trataba de suplir el desinterés y el desapego de su padre, quizá fue por esa mezcla de energías, una sutil y otra densa y material, lo que hizo que Cristóbal se convirtiese en ese ser tan cariñoso, por un lado, y tan intolerante hacia dictadores y seres soberbios, por otro. Quizá ésa fue la razón que lo llevó a convertirse para su hija en el padre que le hubiese gustado tener y nunca tuvo y, también, la razón de que en su vida no cultivase los valores de hacer dinero y almacenar, de aparentar o medrar para poder mirar por encima del hombro al prójimo. Para Cristóbal la ambición era un defecto. Él era un gran cuidador, hacía grandes los pequeños detalles, se fijaba en aquellas cosas a las que nadie presta atención por ser comunes y gratuitas, como eran los atardeceres o el juego de luces y sombras que hace el sol al pasar entre las hojas de la rama de un árbol que están siendo mecidas por el viento. Vivir con él era de lo más sencillo, al menos para mí. No hubo fase de adaptación en el momento en el que se vino a vivir conmigo, ni incomodidad, ni concesiones. No nos costó trabajo querernos. Sencillamente le dejé un hueco en el armario y él llenó mi vida.

Cristóbal era extremadamente sensible a todas aquellas cosas susceptibles de ser sentidas: la música, el arte, la literatura, la gastronomía, los buenos vinos y las caricias sin tiempo. Sus gustos musicales pasaban por Mozart y los Beattles, por Camarón y el Jazz, por Radio Futura y Kiko Veneno, por Jimmy Hendrix y la música barroca… El ritual era muy sencillo: él ponía el disco elegido, entornaba los ojos, movía de manera afirmativa la cabeza de lado a lado del cuello, al ritmo de la música, con una sonrisa cerrada, y tarareaba; a veces acompañaba todo esto con la mano derecha, a modo de director de orquesta, pero con un gesto sutil. En ese instante te relataba que, por ejemplo, Mozart era un genio aniñado con la capacidad de tener en su cabeza toda una ópera de la que después escribía la partitura entera sin ningún tachón y de una sentada. Era ahí cuando yo lo miraba dándome cuenta de que su admiración hacia Mozart era fruto de la identificación que sentía con él. Si la música era, por ejemplo, barroca, decía que estaba seguro de que en otra vida vivió aquella época porque la sentía tan familiar en el alma que no le encontraba otra explicación. Entonces se ponía serio y me miraba a los ojos diciéndome que ya entonces él estaba enamorado de mí pero nuestro amor era imposible, porque yo pertenecía a la nobleza y él era un simple vasallo y, según narraba toda esta historia, realmente parecía que no se sintiera digno de estar a mi lado.

En cuanto a la literatura, Cristóbal había sido hasta entonces la única persona que había conocido capaz de leerse el *Ulises* de Joyce y, encima, disfrutar de la experiencia. Lo admiré profundamente al descubrir tamaña hazaña, ya que yo sólo pude llegar a la página dos de esta gran obra y no entendí nada de esas dos páginas. Le apasionaba Borges, le gustaba Neruda y su *Oda a las cosas* que me recitó al poquito de conocernos y Benedetti fue el artífice que me animó a tener nuestro primer encuentro. Y, cómo no, su libro preferido, leído y releído y siempre reinterpretado, *era El Quijote*. No me extrañaba que le gustara tanto la historia de un hidalgo loco por sus ideales al que le costaba posar los pies sobre la tierra. ¿Con cuántos gigantes-molinos habría peleado Cristóbal?

En fin, a mí lo que realmente me enamoró de forma definitiva era la manera que tenía de escribir. Su imaginación desbordante, esa inspiración desde lo más sutil e insignificante y que me hacía ver la vida desde otros ojos. De hecho, sus mensajes a mi móvil, que todavía conservo, son un nuevo género literario limitado, debido a las nuevas tecnologías, a 160 caracteres y que en el futuro será objeto de estudio por los lingüistas.

A Cristóbal le gustaban los pájaros, por su elegancia y porte. El pájaro que más le gustaba era el mirlo, y el que menos el enjaulado. En aquel nuestro ático, Cris hizo una casita de madera con la esperanza de que algún gorrión la encontrase acogedora y decidiese hacer allí su nido, pero, aunque incluso le puso migas de pan, ninguna pequeña ave se hospedó nunca. Eso sí, de vez en cuando nos venían a visitar en nuestra terraza.

Cristóbal era pacífico, demasiado quizá para la mayoría de los mortales. Nunca lo vi matar una mosca o cualquier otro insecto, amablemente los invitaba a salir abriendo las ventanas y ahuyentándolos. La única excepción de su regla: las cucarachas. Según su opinión, al no tener depredadores naturales era nuestro deber matarlas para que no nos invadiesen. Lo atormentaba un recuerdo adolescente de cuando acompañaba a su abuelo, del que heredó el nombre, a pescar. Un día, no sé muy bien cómo, pescó un pulpo al que tuvo que rematar, imagino que a base de golpes, y cada vez que se acordaba el remordimiento lo atormentaba.

Cristóbal era muy sibarita con las comidas, creo que eso era herencia paterna, pero a diferencia de su progenitor Cristóbal cocinaba sus propios caprichos, los cuales acompañaba con algún vino que no estuviese mal.

Cristóbal era extremadamente curioso, le llamaban la atención todos los misterios del universo, desde la vastedad de la astrofísica hasta lo diminuto de la física cuántica. Trató de enseñarme a diferenciar los planetas de las estrellas sólo con mirar el cielo, a saber cómo eran las supernovas, o los agujeros negros, me hablaba de materia y de antimateria. De repente la conversación se hallaba en un nivel subatómico y desde allí me hablaba de neutrinos y del futuro e inminente descubrimiento del bosón de Higgs, sumamente emocionado. Pero entre una cosa y la otra había otro tema que le gustaba mucho, la posible existencia de ovnis. Él pensaba que era cuestión de tiempo que se revelara científicamente que no estamos solos en el universo.

Cristóbal era dulce y tierno, sólo había que escucharle hablar. Me encantaba que no emplease casi nunca tacos o palabras malsonantes. Al comienzo de nuestra relación me sorprendió que utilizase las interjecciones "¡Jopé!" o "¡Chachi!". Esta costumbre la adquirió, según me confesó, a causa de su paternidad y me hace sonreír cuando ahora me descubro utilizándolas.

A Cristóbal le gustaban la magia y la posibilidad de otros planos de existencia, aunque su mentalidad científica no lo admitiese. Meditaba conmigo, leía libros del Dalai Lama y pensar que su madre lo acompañaba en su camino, aunque no la viese, lo esperanzaba.

¿Qué más decir? Su facilidad por los idiomas me maravillaba. Bilingüe en francés y con un buen nivel de inglés a pesar de que nunca estuvo en Inglaterra. Conmigo volvió a planear otra vez una vida, empezaba a recuperarse de aquel último gigante-molino. Fue entonces cuando pensó que nos podría venir bien, en nuestro proyecto de vida común, que él aprendiese chino. Sólo pudo hacer el primer curso en la escuela de idiomas, pero su nota media fue de sobresaliente. Recuerdo que llegaba a casa muy tarde por la noche y se ponía a estudiar, o me explicaba peculiaridades que estaba aprendiendo de la cultura china o en el restaurante chino chapurreaba cuatro frases, y el chino de turno flipaba, al igual que yo.

Para mí todos estos atributos de la personalidad de Cristóbal lo hacían grande, lo hacían perfecto, perfecto para mí. Él me hacía sentir feliz, mi día a día estaba lleno de dulzura y ternura, de historias y magia, de sensibilidad y curiosidad, de sonrisas y caricias, y a veces, de alguna lágrima de melancolía. Sin embargo, todas estas cualidades que yo adoraba no tenían la menor importancia para él, no les veía mérito. Tenía mucho cuidado en no pensarse superior en nada, no deseaba destacar. Como ya he dicho, era muy intransigente con la soberbia, es más, me atrevería a decir que era soberbio con la soberbia. Nada de lo que pudiese hacer lo llenaba de orgullo, excepto una cosa, su hija Maëla. Su hija, ante sus ojos, era tan perfecta que apenas podía creer que fuese su hija. Ella justificaba su vacía existencia, hasta que yo lo conocí.

4.- DOS SOLEDADES PUEDEN HACER UNA LLAMA.

Entro en una tienda de decoración de estilo vintage. La luz es tenue y se venden velas, inciensos, lámparas... Al entrar me pongo a hablar con la mujer que está en el mostrador y que me dice: "Sí, esta tienda hace mucho tiempo que está abierta. Antes había una señora que podía leer el futuro". Hay una hilera de estanterías colocadas longitudinalmente a lo largo de la estancia y que sirven para dividir el espacio en dos pasillos. Al llegar al final del primer pasillo, justo cuando giro a la izquierda para volver por el otro, estoy en un punto ciego donde no soy visible desde el mostrador. De pronto soy consciente de que estoy en el mismo lugar pero treinta años atrás. Un sentimiento de vergüenza me inunda porque mi ropa no ha cambiado y, obviamente, voy a llamar la atención allí donde esté. De hecho no sé cómo voy a volver al tiempo que me corresponde. Absurdamente, como suele pasar en el mundo de los sueños, mi mayor preocupación en ese momento es que la señora que regenta la tienda no se percate de mi ropa anacrónica de finales de la década de los 70. Así que haciéndome la despistada, poco a poco, salgo de la tienda y respiro tranquila porque sé que lo he conseguido, pero súbitamente caigo en la cuenta de que esa mujer se ha hecho también la despistada, puesto que es ella misma la mujer de la que me ha hablado al inicio del sueño, aquélla que veía el futuro. Así que vuelvo a entrar en la tienda y le digo enérgicamente:

-¡Tú sabes quién soy yo!

Ella sigue disimulando, diciéndome que no entiende lo que le digo y que no me conoce de nada. Le insisto:

- Sé que sabes quién soy. ¿Qué es lo que me va a pasar?

Ella responde que no lo sabe, pero yo noto que me oculta algo. Luego hago una referencia al libro que me acabo de leer, "Mujeres que corren con lobos", y le pregunto si conoce a "la vieja que todo lo sabe" (un arquetipo que sale en los cuentos a veces como bruja, a veces como mujer anciana que representa la sabiduría, pero esa sabiduría que no discrimina el bien del mal). Ella me dice que no la ha visto nunca pero que sabe quién es y que es, literalmente como me dice en el sueño, una "hija de puta". Le objeto:

-Ya, pero lo sabe todo.

En ese momento me envalentono y añado:

-Mira, yo sé que sabes lo que me va a pasar, así que dímelo. No tengo miedo, puedo afrontarlo.

Me mira y me anuncia:

-Van a entrar en tu casa y te van a robar, lo vas a perder todo.

-¿Y eso es todo?

Hace un gesto afirmativo, pero yo siento que hay algo más que no me cuenta, aunque me da igual porque, en ese momento, siento que soy capaz de hacer frente a todo lo que me venga. Después me despierto.

De vez en cuando, no con mucha frecuencia, tengo sueños de ese tipo. Son un tipo de sueños en los que sabes que estás soñando, las imágenes son muy reales, de hecho el recuerdo que después tengo no es el de un simple sueño, sino que recuerdo la historia con las imágenes, las voces y, en una ocasión, el tacto. Alguna vez hay una especie de narrador, una voz en *off* que me da un mensaje, un resumen o una aclaración de lo que estoy viendo. En estos sueños no me veo a mí misma sino que me percibo como en la vida cotidiana en que sólo me puedo ver si estoy delante de un espejo. Los especialistas llaman a este tipo de sueños "lúcidos" o "vívidos".

Para mí este sueño fue premonitorio. Se me estaba diciendo que lo iba a perder todo pero yo sentí la certeza de que si eso era lo que iba a vivir estaba dispuesta a hacerlo, que la vida no me iba a achicar. A pesar de la amenaza no sentí miedo sino una fuerza interior que me daba la seguridad de que podía con lo que viniese.

De niña había sido solitaria y tímida, me costaba relacionarme con otros niños y la protección de mi habitación daba lugar a poder imaginar mundos en los que me gustaba vivir. En la casa donde me crié siempre ha habido libros y recuerdo con mucho cariño aquellos paseos que daba con mis padres y terminaban con el regalo de algún cuento que me compraban de vuelta a casa. Me gustaba a solas leer esos cuentos en voz alta, o escribir en mi diario, o imaginarme historias.

Cuando llegó el momento de decidir mi futuro académico elegí la carrera de Sociología. Mis estudios ensancharon mi manera de pensar, aprendí a relativizar las verdades absolutas y a entender que hay muchos factores que pueden explicar las diversidades culturales de cada sociedad. Me interesaba especialmente la investigación social y cómo se pueden aplicar esos conocimientos para cambiar realidades en pos del desarrollo y el bienestar de las comunidades.

En el momento en que hube de buscar un puesto de trabajo, algo en lo que aplicar los conocimientos aprendidos, encontré la investigación de mercados, me fui a Barcelona y trabajé para la industria farmacéutica. Estuve cinco años allí, aprendiendo mucho sobre fármacos y especialidades médicas, tratamientos y pacientes. Muchas veces, al final de algún estudio, era capaz de darme cuenta de si los médicos se equivocaban en sus respuestas, porque me hacía experta en un tema que poco después debía olvidar. El trabajo era entretenido, viajaba mucho y siempre tenía que estar abierta a conocer nuevas innovaciones, pero al mismo tiempo no veía que lo que yo hacía ayudase a nadie más que a la industria, en todo el tiempo no hice ningún estudio sobre fármacos que curasen nada, simplemente paliaban efectos secundarios de otros fármacos, facilitaban la posología, o mejoraban en algo la calidad de vida de los pacientes. Ese trabajo requería de mi dedicación plena, y no me apasionaba.

Hasta que llegó un día que tuve claro que si seguía en ese camino mi vida iba a ser siempre igual. La disyuntiva era seguir con una seguridad que me proporcionaba una vida que no me satisfacía o realizar un cambio que me garantizase que al menos mi vida fuese diferente. Así que me atreví a dejar un trabajo seguro, volver a Alicante, más cerca de mi familia, y trabajar como autónoma para la misma empresa donde había trabajado en Barcelona.

Fue en ese momento en el que tuve el sueño que he narrado al inicio de este capítulo, e interpreté que lo que se me quería decir es que iba a perder todo lo que había conseguido hasta ese momento para volver a empezar de cero. Ese algo más que no me quiso decir la adivina lo descubrí unos años más tarde. Ya por entonces había empezado a hacer caso a las señales, a creer en la magia y en la trascendencia. Bajo ese contexto analicé el sueño para tratar de entender qué me quería decir. Lo primero de lo que me percaté fue de que en mi sueño había retrocedido treinta años atrás, justo la edad que tenía en ese momento. Es decir, había vuelto al punto en el que yo no era. Perderlo todo implicaba para mí un cambio en la vida, era atreverme a dar ese paso a donde no sabía, ese salto al vacío, renunciar a esa rutina futura por la inseguridad presente, pero al menos distinta de esa condena autoimpuesta libremente. Lo dejé todo y volví a mi tierra. Sola, como siempre había estado, desde niña. La soledad siempre fue una compañera que había aprendido a soportar.

Decidí que me iba a formar en algo que realmente implicase una acción positiva en el mundo, deseaba hacer algo que aportarse, cambiar mi actividad del beneficio privado hacia la ayuda y mejora en la vida de las demás personas. Hice un posgrado en la universidad para convertirme en experta en Cooperación para el Desarrollo y comencé en un voluntariado en el departamento de Cooperación Internacional de una ONG, justo en el momento en que conocí a Cristóbal. Él me apoyó mucho.

Su historia fue otra historia, pero coincidíamos en que él también estaba muy solo. La soledad de Cristóbal era diferente. Podría contar la historia que él me contó, hablar de cómo la muerte de su madre le arrancó la vida que tenía hasta entonces, cómo su mundo se le escurrió de las manos. Podría hablar del milagro del nacimiento de su hija, de las equivocaciones y los desengaños. A mí me contó su historia pero yo no la viví, por eso prefiero hablar de quien encontré, ese hombre que para los demás era invisible y que para mí era el tesoro más oculto de la creación. Y yo era la elegida para encontrarlo y valorarlo.

Existen muchos tipos de soledades: soledades buscadas, soledades impuestas, soledades autoimpuestas, soledades acompañadas... Nuestras soledades fueron distintas, pero eran soledades que se encontraron quizá por azar, o quizá porque nos tocaba vivirnos ya. Nos vimos y nos amamos. Nos comprendimos y aceptamos. No hubo idealización mas si un amor profundo y sincero, un respeto hacia nuestras respectivas heridas, y una certeza de que al fin, al fin, había llegado nuestro tiempo, el tiempo de la Candela y el Cristóbal.

Ahora estoy convencida de que lo que no me quiso decir la adivina en el sueño cuando mencionó que lo iba a perder todo se refería a que lo iba a perder a él, la vida me iba a robar ese hogar que era nuestro, ese momento en el que dejamos de sentirnos solos.

5.- EL AMOR Y SUS MENTIRAS

El universo se expande, hermanos.

Mientras, en la habitación,
las rendijas de la persiana
dibujan una colmena.
Candela se desata el pelo
y esparce vidrieras,
madejas de oloroso almíbar
entre mallas semioscuras.

Observo su gesto de matemática
lenta.
Supongo su curva suave,
la siento tiznando
todo de electrónica dulce,
de entropía de amor.
Y me estremezco
cuando percibo la onda caricia
resonante de su pelo,
nube vaporosa que alberga
(enrejado de sombra y luz)
nidos y enjambres de estrellas,
la música de los planetas
que me fueron siempre
tan familiares.

El universo se expande
cuando Candela
desata su pelo.
Y toda la habitación
se llena
de cabelleras de cometa.
Confundido todo
en su quintaesencia,
me dejo llevar.
Desaparezco con ella.

(Cristóbal Sanmartín, *El Universo se Expande*)

De lo que uno imagina a lo que experimenta a veces hay distancias infinitas. Recuerdo una clase de psicología social en la facultad en la que se hablaba del amor en pareja. Ese amor lo dividían en tres dimensiones: el compromiso, la intimidad y la pasión. Cada una de esas dimensiones eran los vértices de un triángulo equilátero y en ese triángulo, dependiendo de qué puntuación dieras a cada dimensión, habría un punto en el interior que se acercaría más a uno de los vértices que a los otros, dando lugar a siete tipos de amor posibles. Si tuviese que definir el amor que vivimos Cris y yo, me faltarían dimensiones, no sería un triángulo sino una esfera, y no podría poner nombre a las dimensiones, porque carezco de alfabeto para nombrarlas.

Cada cultura, cada momento histórico, cada familia tiene una visión del amor. De hecho, lo que a veces se nos hace creer que es el amor entra en contradicción con otras

38

formas de entenderlo propias de otros grupos de pertenencia por los que pasamos. De la estabilidad y el buen estatus que se desea que mantengas o consigas en la familia, podemos ir al amor romántico de las películas americanas, donde todo es bello, donde las palabras son perfectas y la tolerancia a la frustración es absoluta. Esto, el amor romántico que tanto hace sufrir porque no existe. También podemos prestar atención a la visión que del amor da la publicidad, donde sólo se habla de pasión, de sexo, de atracción, de juventud. Y una en medio, tratando de ver lo que le funciona en cada momento Tratando de entender el amor con conceptos, con ideas. Como si uno amase haciendo cálculos de intereses y conveniencias. Y cuando llega, ves que no hay cálculo que valga ante la naturaleza misma del amor, ante la familiaridad de lo conocido en ese extraño que ahora vuelve a formar parte de tu vida.

¿Y quién no ha oído hablar de los príncipes azules, las medias naranjas o las almas gemelas? ¿Son la misma cosa? No, no son en absoluto lo mismo. Los príncipes azules son esos seres perfectos que viven en los cuentos, en las películas o en las novelas de Corín Tellado. Son galantes, guapos, con una buena posición económica. Es lo que, en mi opinión, te venden desde niña. Pero todos estos valores que acompañan a un príncipe azul son externos, superficiales. Un príncipe azul sólo debería ir con princesas azules, viviendo en sus respectivos cuentos. Aburriéndose de tanta perfección. Responden a estereotipos impuestos y no reales. Una vez conocí a uno de estos príncipes y pensé: "¡Lo he encontrado!" La relación fue bonita durante un pequeño periodo de tiempo, de cuento, sin profundidad, después descubrí que es agotador estar al lado de ese prototipo de perfección porque es difícil estar a su altura de los roles que se supone una ha de cumplir. Cuando los individuos sólo perpetúan un modo de actuar basado en lo que se espera de su condición y no de lo que realmente ese individuo sea, no llega a desarrollarse como ser humano, con todos los matices y contradicciones que acarrea esa búsqueda de lo que uno realmente es. Son precisamente esos matices y contradicciones los que nos hacen amar profundamente al otro, ese otro que se convierte en nuestro espejo

Por supuesto, esto, que a todas luces es lo que te dicen que debes encontrar en la vida, me parecía aburrido, superficial, cansado y no me aportaba la felicidad. A lo mejor puede proporcionar momentos de cierta euforia cuando exhibes al ejemplar encontrado, pero en absoluto considero que dé la felicidad. En el paradigma de la imagen y la apariencia, la emoción que subyace es el deseo y se dan los bailes de máscaras donde los diferentes egos interpretan una y mil veces sus diferentes papeles pero ¿quién está detrás del antifaz?

Hay quienes te aconsejan que busques la media naranja. Las medias naranjas son esos contrarios que se complementan. Este concepto nace de la idea de que los seres humanos somos seres incompletos. Desconozco si su origen es el *Banquete* de Platón. Aristóteles cuenta que había unos seres perfectos que tenían dos cabezas, cuatro brazos y cuatro piernas, pero esos seres decidieron enfrentarse a los dioses para encontrar su sitio en el Olimpo y Zeus los castigó partiéndolos por la mitad, dejándolos incompletos, creando así a los seres humanos. Según este mito, los hombres y las mujeres, desde entonces, buscamos a ese otro ser que nos complete. En la búsqueda del contrario se pretende llenar el vacío que uno mismo siente, ser esa persona que no se es y que en el fondo se desea ser, o quizá no podamos evitar intentar cambiar al otro, porque hay quien puede pensar que por la magia del amor convertiremos a ese ser, que en el fondo no aceptamos, en esa persona que buscamos por compañera. Las personas pueden cambiar siempre que haya un deseo de cambio por parte de ellas pero no porque otra persona las haga cambiar. Tratar de cambiar al otro sólo denota insatisfacción y falta de respeto. Somos seres completos, con nuestros defectos y virtudes, con nuestra historia y nuestro camino. Detrás de este tipo de relaciones la emoción que subyace sería la de la necesidad. Si creemos que somos incompletos, evidentemente buscaremos a otra persona que nos complete. La necesidad de llenar nuestro vacío interior tiene que ver poco con el amor.

Pensar en las almas gemelas me trae a la cabeza el cuento del *Patito Feo*. Normalmente se suele entender esta historia como la vida de un individuo que a causa de su torpeza y fealdad no es aceptado por su entorno y, finalmente, cambia y se convierte en el ser más grácil y bello del mundo. De hecho así se nos vende en multitud de películas y series: a la chica le sueltan el pelo, le quitan las gafas y de repente es un ser digno de ser amado. Si este cuento lo interpretamos de esta manera resulta totalmente superficial, ponderando unos valores que no son tales y que no tienen en absoluto que ver con las almas gemelas.

En el libro *Mujeres que corren con lobos*, Clarissa Pinkola Estés hace un trabajo espléndido analizando los cuentos y leyendas infantiles transmitidos de manera oral. Uno de los cuentos analizados es el del *Patito Feo*. Según su interpretación, el problema que tiene el patito no es que sea feo sino que nace en la familia equivocada. Los demás patos no son malos con él, simplemente desean que sea un pato más y el patito lo intenta, pero no puede comportarse como si fuese un pato porque es un cisne, aunque no lo sabe. El patito se siente solo y se va. Por el camino encuentra una granja donde hay animales de todo tipo en la que se le permite ser diferente porque todos lo son. Allí es medianamente feliz, pero no se siente bien del todo, hasta que casi por casualidad en su vida aparece el milagro de encontrarse con otro cisne. Aquí lo importante no es que un cisne sea bello y un pato feo o viceversa, podría ocurrir lo mismo si en lugar de un cisne es un ornitorrinco, realmente lo relevante es encontrar a tu igual, aquella persona que te ve y te hace sentir aceptada plena y totalmente. ¿Cuántos cisnes han muerto de tristeza tratando de ser los patos que nunca han sido?

Para mí las almas gemelas son así y no tienen por qué ser parejas, pueden ser familiares, amigos. Son esas personas con las que te sientes tú mismo, sin máscaras ni juicios. Donde experimentas la aceptación plena a pesar de los defectos. Mi historia con Cris se pareció mucho a la del patito feo. Siempre buscando, esforzándome, trabajando por solucionar el "problema" y de repente aparece él, y todo es fácil y no hay nada que solucionar. Nunca nos esforzamos para que la relación funcionase porque la relación funcionaba por sí misma. Pero no quiero con esto decir que todo fuese sencillo, porque el viento no soplaba a nuestro favor. Mi entorno más inmediato no aceptaba nuestra relación. Tal y como lo interpreto, ellos querían para mí un príncipe azul que me proporcionase una vida cómoda. Querían para mí la seguridad que le faltaba a un alma nómada como la mía. Quizá hubiese sido más fácil para ellos aceptar una media naranja que me cambiase y me completase. Sin embargo dos almas nómadas como eran la de Cris y la mía, aquello era demasiada inestabilidad para ellos. Es comprensible que albergaran la esperanza de que una soñadora como yo sentaría la cabeza cuando encontrase la pareja adecuada para echar raíces profundas.

No fue fácil pero aun con todo esto, nosotros éramos felices, y el día a día se nos hacía de lo más sencillo porque por fin, por fin, nos habíamos encontrado y todo cobraba un nuevo significado, una nueva luz. El mundo se podía acabar pero nosotros estábamos juntos y eso nos hacía vibrar, nos hacía dormir con una sonrisa en los labios. Si alguien me hubiese pedido que diese un motivo racional y práctico por el cual yo amaba a Cristóbal no habría podido decirlo, pero sí habría sabido claramente una cosa, y es que una persona que pida razón ante lo que se siente, no conoce ni ha vivido la naturaleza del amor. Claramente tenía millones de motivos para elegir a Cris, tantos motivos como los millones de matices y contradicciones que albergaba un alma que no se contentaba con un mundo que no entendía y quería cambiar, con alguien que no aceptó seguir una forma de actuar que no respondía a su verdadera esencia. Alguien que buscaba su verdadero ser. Yo lo amé por todos esos matices y contradicciones pero no decidí amarle, simplemente lo amaba, simplemente era mi compañero.

Todas estas dudas, estas pruebas y rechazos hicieron que desde un primer momento tuviese que preguntarme realmente si me merecía la pena estar con Cris, si no era más que un capricho. Evidentemente me mereció la pena, lo amaba profundamente. Ante la pregunta que la vida me estaba haciendo en ese momento: "¿Estás segura de que él es el hombre de tu vida?", la certeza más absoluta: "¡Sí!" Esta certeza fue necesaria para apoyarme en ella cuando nos tocó vivir la prueba de fuego, cuando necesitaba fortaleza. Por tanto, aquel rechazo donde tuve que cuestionarme sobre lo profundo de nuestra relación es algo que me preparó y ayudó más tarde. Cuantas cosas que se viven en el momento y que nos hacen sufrir no se entienden, sin embargo nos están preparando para afrontar cosas que no esperamos.

Nunca antes con nadie me había imaginado envejecer, tener una casa, una familia, casarme…Sólo Cris hacía que sintiese que todo eso era lo que venía y que estaba bien. Teníamos rarezas no sólo compatibles, sino afines. Buscábamos trascendencia pero sin perder de vista la razón, lo que no nos permitía despegar los pies de la tierra. Disfrutábamos en silencio, meditábamos juntos. Reíamos absurdamente con los Monty Python. Era tan fácil sentirme en casa con él…

También él empezó a tener fuerza para retomar la vida que había dejado en pausa desde hacía unos cuantos años atrás, cuando cansado de luchar dio la partida por perdida. Ahora sentía que la vida le estaba dando una nueva oportunidad y llegaba el momento de reinventarse. Así, con el impulso de saber que había llegado por fin nuestro momento, comenzó a volver a hacer planes de futuro. Y como su trabajo no lo motivaba y se le daban bien los idiomas comenzó a estudiar chino porque pensó que le podría venir bien a la hora de buscar un mejor trabajo. Por mi parte, deseaba trabajar en el mundo de la cooperación y él me animaba. A los dos nos encantaban la poesía y la literatura, a veces nos imaginábamos cuentos, historias. Inventábamos palabras o disfrutábamos con otras que utilizábamos en todo momento como "cachivache", "cacharrín" o "adrede". Los días en que estaba su niña se sentía completo y se le notaba, doblemente orgulloso sobre todo cuando ella nos decía: "Sois muy raros, nunca discutís". Le hubiese gustado estar más implicado en la vida de su niña y eso era algo que proyectaba para ese futuro en común, cuando hiciésemos nuestra propia familia.

Sí, nos gustó hacer planes, imaginar nuestra futura casa, cerca de una ciudad pero rústica, quizá con huerto, sencilla, como lo éramos nosotros. Nuestro hijo (yo imaginaba niño y él niña). Nuestra cocina con olor a guisos (esos guisos que él cocinaba) y, por supuesto, una vida llena de poesía.

Vivimos rápido. No lo buscamos, sucedió. Sentimos que lo natural era que viviésemos juntos, ya que prácticamente lo hicimos desde el momento en que nos conocimos. Estábamos solos y podíamos hacerlo. No era la primera vez que compartía piso pero sí la primera que lo hacía con una pareja, era previsible que la convivencia desgastara la relación con las rutinas y los conflictos que pueden surgir en el día a día, pero nada de eso ocurrió. Estábamos de lo más cómodos, nos gustaban las mismas cosas y nos sabíamos decir también lo que podía molestar en la convivencia. Fue el mejor compañero de piso, porque lo amaba profundamente y eso era nuevo para mí.

El piso en el que yo vivía antes de conocerlo ya tenía hasta una habitación de niña con su casa de muñecas, ideal para su hija que entonces tenía ocho años. Esa habitación estaba antes de que yo buscara vivienda, y cuando la niña vino supe que ese piso estaba esperándola. Venía cada dos semanas y cuando ella estaba Cris se sentía pletórico.

Como ya he mencionado no todo fue fácil. Algún conflicto con la madre de la niña y también con mi familia, que no acababa de estar de acuerdo con mi decisión. Era duro sentir que aunque trataban de aceptarlo no lo hacían. Para mí era muy difícil sentir que lo que tanta felicidad me daba a ellos les producía sufrimiento porque no podían entender que me complicara mi sencilla vida y las visitas eran cada vez más incómodas. Cris me decía que todo eso era porque me querían y que a él, desde que murieron su madre y sus abuelos, ya no le quedaba nadie que le quisiera así.

Cris no tenía contacto ni con su padre ni con su hermano. A su padre, que nunca había manifestado afecto por nadie, según me contaba, desde que había enviudado, le molestaba todo lo que le recordara su vida anterior. En cuanto a su hermano, no le podía perdonar un daño que le había hecho a la madre en vida. Y es que a veces los que se van dejan mucho peso, es frecuente sentir cierta injusticia ante esa pérdida y revisar aspectos donde a nuestro ser querido no se le ha tratado bien. Es más difícil perdonar las afrentas que se hacen a esos seres que amamos y que ya nunca volverán a estar. Trataba de hacerse el indolente, como si esas personas no existieran, sin embargo, en el fondo, echaba de menos a su familia, y me dolía no poder compartir el cariño de la mía con él. El dolor que disfrazaba de indolencia le había hecho alejarse no sólo de ellos sino también del conjunto de su familia, porque dejó de visitar su ciudad natal.

Por mi parte le insistía para que volviese a ponerse en contacto, aunque sólo fuese una llamada en Navidad, sólo por saber si aún vivían. Pero él se negaba, se protegía del dolor de no sentirse querido. Aun así, logré que una vez llamase a casa de su padre, y pude comprobar lo aliviado que se quedó cuando confirmó que no estaba. Pero finalmente empezó a buscar a familiares por las redes sociales y pudo contactar con una prima.

6.- DIAGNÓSTICO

A la espera del siguiente miedo
agazapado, dejo rastro
efímero
para que no me adviertan.
(Proyectar una curva
con un ángulo infinito de oscuridad).

Colillas, hojas huecas, rayos
que descuajan árboles
enteros, ramas
ardiendo sin tronco,
ni verde, ni cielo.
(Aquel frío de caverna
que fue a taparse en una manta
de plumas bondadosas…).
Barcos, semihundidos,
hambrientos de tormenta,
afilados.
(Apuntan al abismo
de las rapaces infamias,
de las aves carroñeras,
de la cólera del hambre injusta).

Sólo un hueco

donde esconderse,
¡rápido!,
por la espuma del espacio
acelerada,
del miedo que corre
desenfrenado, asustado,
malherido,
resquebrajado
(respirar un poco).
Sin aliento,
exhausto.
Me rindo.

(Cristóbal Sanmartín, *La cólera del miedo*)

Hacía ya un año y medio que Cris y yo vivíamos juntos. Tiempo suficiente para acostumbrarnos al milagro de nuestra compañía. Él me introdujo en el mundo *runner* y yo a él a meditar. La práctica meditativa empezó a cobrar mucha importancia en su vida. Cuando nos conocimos era yo la que meditaba y él quería hacerlo pero la postura le resultaba muy incómoda. La razón era porque a pesar de su extremada flexibilidad, no ponía ningún objeto (cojín o manta) que levantara sus caderas por encima de las rodillas. Eso hacía que la postura careciese de base y resultara tan incómoda que impidiera la meditación. Yo no era una maestra pero algún consejo si le pude dar. Y en ese año y medio se convirtió en un gran meditador autodidacta. Leyendo un libro del Dalai

Lama comenzó a trabajar el perdón hacia su padre con una práctica de meditación. Un día apareció delante de mí con una expresión clara y compasiva, se había dado cuenta de lo mucho que debía sufrir su padre al no poder querer a sus hijos, ya que nunca comprendería la inmensa emoción que sentía él por su hija A partir de ahí es cuando extrañas casualidades ocurrieron, como encontrar a su prima por las redes sociales o que a través de ella, a las semanas, su tío (hermano de su padre) le invitara a la boda de su primo.

Allí se iba a reencontrar con su padre y con su hermano, y eso lo inquietaba. Deseaba verlos pero al mismo tiempo no sabía de qué manera iban a reaccionar. Yo lo animaba a retomar el contacto, no con la intención de rehacer una familia que, al faltar la madre, dejó de serlo para siempre, simplemente buscar un trato correcto desde la distancia. Sabía que para Cristóbal era importante, y pude ratificarlo con lo emocionado que estaba al recibir esa invitación de bodas. Empezábamos a prepararnos para el reencuentro, mirando ropa para el evento. Me empezó a hablar de su familia con ilusión, de quién era su tío, de sus otros tíos. De cómo quería su madre a sus tías. De sus primos y primas.

Durante este proceso que no duró más de un mes, Cristóbal se quejaba de que no podía respirar bien y de que se fatigaba mucho. Nuestra médica de cabecera le dijo que probablemente lo que tenía era asma y no le dimos mayor importancia. El día que fuimos con la niña a comprar su vestido, un mes antes de la boda, al persistir esa fatiga, le dije que fuera de urgencias al hospital mientras yo me quedaba en casa con ella. Esperaba que volvería en seguida pero a las tres de la mañana me llamó para decirme que le ingresaban, tenía los pulmones encharcados.

Tardaron cinco días en hacerle todas las pruebas para averiguar la causa. Las radiografías, análisis de sangre, la odiosa broncoscopia y el TAC debían descartar todas las posibles enfermedades: neumonía, tuberculosis y el improbable cáncer. No se nos hizo hincapié en esto último y nosotros no lo tomamos en ningún momento como una amenaza real, ya que esto era algo que sólo parecía ocurrir a los demás.

Fue un miércoles por la mañana, al poco de llegar yo de la calle, cuando una enfermera entró. Bromeamos, como solíamos hacer con el personal del hospital. Cris estaba sentado sobre la cama en la postura del loto, cosa que llamaba la atención a todo aquel que entraba en la habitación ya que requiere de mucha flexibilidad: sentarse con las piernas cruzadas y los pies apoyados en sus respectivos muslos, como se suele representar al Buda. Le explicamos a la enfermera que nosotros solíamos meditar y me preguntó si podría enseñarle a sentarse así que eso le vendría bien para relajarse en las guardias. Me pidió que la acompañara a la sala de enfermeras para hacerlo. Sé que resulta extraño, pero habíamos creado un ambiente de confianza con el personal sanitario, así que en ningún momento sospeché que hubiese una segunda intención en esa petición. Sin embargo, me di cuenta de que algo grave ocurría cuando en lugar de llevarme a la sala de enfermeras hizo que nos dirigiéramos hacia la de médicos, donde me estaba esperando la neumóloga. Me empecé a poner nerviosa. Ni en mis peores pesadillas esperaba que me dijeran que en el TAC habían encontrado una mancha en la pleura cuyo nombre era adenocarcinoma que estaba bastante extendida y no era operable.

No pude reaccionar, salí de mí misma y adquirí el papel de entrevistadora para farmacéuticas en estudios de mercado que tantos años había representado cuando trabajaba en Barcelona. Pregunté por el estadio, el tratamiento, el pronóstico. Las respuestas eran las peores que podían darme en cada una de las preguntas. Era un estadio IV, no se sabía se había tratamiento y, en caso de no haberlo, se estimaba que la esperanza de vida era de ocho meses. En ese momento yo no estaba ahí, no me podía estar ocurriendo a mí, no era de Cristóbal de quien estábamos hablando. Ella habló de qué y cómo se lo íbamos a decir a Cris, yo debía decidirlo pero yo no estaba. Me preguntó si esperábamos a alguien para darle la noticia, pero Cristóbal sólo me tenía a mí, a mí y a su hija. La mirada compasiva de la doctora me vuelve a la mente al recordar ese momento. Ella sabía qué era lo que venía:
-Es muy duro para llevarlo una persona sola.- Me dijo.

Pedí un tiempo para pensarlo. Nadie está preparado para que ocurran estas cosas, para recibir estas noticias. Hasta hacía unas horas yo tenía un futuro junto a Cris, un futuro cuya única certeza era que íbamos a estar unidos, él y yo. Había encontrado por fin a la persona con la que quería envejecer, la primera persona con la que había planteado tener hijos, incluso bromeábamos en serio con la idea de casarnos, habíamos empezado a hacer planes futuros, desde una base económica incómoda, pero soportable porque estábamos juntos. Era la persona que me hacía sentir querida y aceptada tal y como yo era. Era ese tesoro que había encontrado, un ser profundamente sensible, profundamente humano. La persona que me miraba y me hacía sentirme feliz de estar ahí, en ese momento, con él, a pesar de todo lo que ocurriera a nuestro alrededor. La persona que me abrigaba con sus abrazos en las crudas noches de invierno. Con Cris terminaron mis búsquedas, era él, con tal certeza que todo lo demás se sobrellevaba.

Y sin embargo todo esto cambió, en un minuto, en una palabra: "Cáncer". Nada era lo que había sido, el mundo era totalmente diferente, el juego había cambiado y las cartas con las que tenía que jugar eran totalmente distintas. La vida a veces resulta tramposa, te cambia las cartas sin previo aviso y una no sabe cómo reaccionar en esos casos. Cuando la doctora dijo esas temibles palabras se me agolparon de repente todas esas horribles imágenes de enfermos terminales, de sufrimiento, del tiempo limitado y de dolor. ¿Cómo iba a sobrellevar todo eso? ¿Cómo iba yo a estar a la altura?

Respiré y entonces dejé de pensar en mí para pensar en Cristóbal. La enfermedad era suya y suya también debía de ser la decisión de cómo quería afrontarla. Se hizo la luz y me pareció que decidir sobre la vida de otra persona era una gran falta de respeto. Siempre he tratado de ser muy respetuosa con los demás, pero sobre todo con él. Desde que lo conocí lo había aceptado tal y como era, había respetado todas las decisiones que había tomado aunque no por ello siempre hubiera estado de acuerdo, al igual que él hacía conmigo. Nunca interferí y fui consciente de que no iba a cambiar mi proceder en ese momento. Volví donde estaba la neumóloga y le dije que quería que Cristóbal lo supiese todo, sin dilatarlo más en el tiempo. Me lavé la cara y fuimos juntas a la habitación. Me puse a su lado para recibir la noticia, con el corazón encogido, tratando de escudriñar cada gesto, cada respiración. Atenta. Cuando llegó la palabra, "cáncer", lo cogí de la mano y se la apreté fuertemente. Él comenzó a hacer preguntas, si había tratamiento y cuánto tiempo le quedaba. La respuesta de ella era que hasta que no hablase con el comité de tumores y vieran si lo iban a tratar, no podría responderle a esa pregunta.

Cuando la doctora se fue, Cristóbal y yo nos fundimos en el abrazo más descorazonado que haya podido vivir. No podíamos despegarnos y rompimos a llorar como niños perdidos buscando a sus madres. Nunca olvidaré cómo me decía: "Ahora no, ahora no. Ahora que te había encontrado por fin. No quiero dejarte sola". Me conmovió de tal manera que estuviese sufriendo más por mí que por él mismo, que volví a sentir esa certeza de que nunca me habían querido así, nunca. No puedo precisar cuánto tiempo estuvimos abrazados, nos encontrábamos totalmente conmocionados.

Porque las cosas son así, a quien le ha ocurrido lo sabe, y a quien no sólo decirle que haga un ejercicio de imaginación. Imagina que alguien te dice que esa persona que siempre está, la que es tu espejo, tu referencia, alguien tan allegado a ti como si fuese parte de tu cuerpo, imagina que tiene cáncer. No hay nada que te ponga en aviso, no es algo que se intuya. Es sólo un segundo: "Tiene cáncer". Ya ha cambiado tu vida. ¿Verdad que no lo puedes imaginar? ¿Verdad que sabes que simplemente estás leyendo estas palabras? Pues así es como me sentí cuando nos lo dijeron, no daba crédito, no podía ser. Antes de que la palabra cáncer se instale en el día a día, tienes una vida por delante; después de que pronuncien la palabra, un abismo. Si no te lo llegas a creer te sentirás como nos sentimos nosotros momentos después de escucharlo. Esperábamos despertar de la pesadilla en cualquier instante, pero no despertamos.

Lo bueno que tiene el llanto es que no dura siempre, cuando permites que fluya él mismo te relaja y te permite reaccionar. Le pregunté si quería que avisase a la gente. Me dijo que sí, que él no podía, sólo me pidió que no se lo dijera a un gran amigo, de la infancia, a ese amigo se lo quería decir él cuando estuviese preparado. Salí al pasillo, la primera llamada fue a la mamá de su niña, luego llamé a su jefe, a sus amigos, a mis padres y, después de pensarlo mucho, cogí la invitación de boda que nos había enviado su tío y llamé al número que aparecía de confirmación. Me presenté y le pedí el teléfono de su padre. No le había dicho nada a Cris pero sentía que debía avisar a su padre, tampoco sabía cuál sería la reacción de aquel hombre, sabía que si se negaba a venir le iba a volver a romper el corazón a Cris y eso era lo que deseaba evitar, así que no le dije nada hasta que no estuve segura de que su padre vendría a visitarnos.

Nos sentíamos aturdidos, no éramos capaces de decir o hacer nada, necesitábamos unos momentos de soledad. Decidí irme a casa andando para que me diese el aire desde el hospital, recuerdo que en la mayor parte del camino estuve llorando, tanto que todo se hacía borroso. Subí a casa y grité, grité como nunca antes en mi vida, un sonido gutural que salía desde lo más profundo de mis entrañas, un grito que hizo que me desplomase. Lloré, lloré, lloré. Lloré tanto que me quedé agotada. Me atormentaba saber todo lo que iba a venir y no me sentía preparada, no veía que yo pudiese estar a la altura de las circunstancias. Luego llamé al padre de Cris, tal y como había quedado con su tío, me presenté como la novia de Cristóbal y sólo le dije que a Cris le estaban haciendo pruebas y todavía nos debían confirmar lo que le pasaba.

Una vez más calmada me fui a meditar. Seguía llorando, esa nueva realidad que se imponía me sobrepasaba. Convencida de que la persona que yo era hasta ese momento no podría afrontar lo que iba a venir, sólo me quedaba la opción de rendirme. Me rendí a la divinidad, al universo, a la energía vital, a Dios, me daba igual el nombre. Necesitaba rendirme a ese algo superior a mí, a ese algo que yo era pero que me transcendía y en lo que creía. Pedí ayuda, ayuda para que la persona que había sido yo hasta ese momento desapareciese, para que quien hablase o actuase a partir de entonces no fuese yo sino esa energía universal, ese parte de ser divino que todos tenemos dentro. Y fue así, dejando la carga en la espalda de la divinidad, como me sentí algo más liviana y con fuerzas para continuar. Confié en que a partir de entonces todo iría como debía de ir porque ya no dependía de mí.

Volví a su lado y hablé. Hoy por hoy no sé de dónde saqué las palabras, no me reconozco en muchos momentos que sé que he vivido, que he obrado y que he dicho. Él lloraba y yo cogí su cara entre mis manos, haciendo que me mirase:

-Cariño, realmente ¿qué te han dicho? Lo que ya sabías, mi amor, que vas a morir, como lo vamos a hacer todos. Lo único nuevo que te han dicho es que existe una alta probabilidad de que sea antes de lo que imaginabas, pero es sólo una probabilidad y tú y yo sabemos que los milagros existen, porque nos hemos encontrado el uno al otro y los dos hemos reconocido el milagro nada más vernos. La amenaza de la muerte siempre está ahí, puedo salir a la calle mañana mismo y que me caiga una maceta en la cabeza, está ahí.

Cristóbal me miraba fijamente, con toda su atención, con todo su ser, con todo su amor. Aunque el hecho de la inevitabilidad de la muerte abstracta poco tenía que ver con el miedo hacia la muerte próxima y concreta. Continué hablando:

-Una vez me dijiste que los jugadores de fútbol no podían pensar en la posibilidad de perder si decidían jugar un partido, porque si pensaban en esa posibilidad no necesitaban salir al campo, ya habían perdido de antemano. Mi amor, ahora debemos decidir si queremos luchar y, si decidimos que lo vamos a hacer, tenemos que pensar en que vamos a ganar.

Mientras hablaba, Cristóbal se tranquilizaba y eso me daba fortaleza, así que seguí:

- La enfermedad es tuya y tú decides cómo la vas a vivir. Podemos esperar a que llegue la fatídica hora o podemos vivir mientras tanto, tú eres quien va a decidir. Por mi parte sólo te prometo una cosa, que decidas lo que decidas, yo estaré en todo momento contigo, a tu lado. Lo viviremos juntos.

No recuerdo haberme preparado el discurso pero sí que abrí la boca y salieron aquellas palabras. Unas palabras que nos sirvieron a los dos, nos tranquilizaron a los dos y nos dieron la pauta que seguiríamos a lo largo del tiempo que vivimos después. Decidimos vivir, a pesar de lo que viniese. Yo no podía decirle a Cris que seguro que se iba a poner bien o evitar que la doctora le diera el pronóstico. Tanto para mí como para él fue encontrarnos con un muro, con lo desconocido. Cualquier cosa que dijese y que yo no creyese hubiese sido mentirnos, y yo necesitaba sentirme al lado de Cristóbal, una mentira nos habría separado. Dejamos de mirarnos a los ojos para mirar los dos hacia delante, dispuestos a vivir lo que nos tocase en ese momento.

7.- DE LO INVISIBLE A LO VISIBLE

Esta señora, Carmen,
con ese añejo nombre
de jardín andalusí,
no pudo nunca, sin embargo,
declinar en su medida
el verbo descansar.

Tanta flor en la mirada,
tanta lírica latina…
Y no le sirvió de nada.

Los ojos
los llevaba siempre
bien abiertos,
salpicando luz a candelas suaves
de tierra fresca;
pero tanta lluvia celeste
no le sirvió de nada.
Luchó, hasta caer rendida,
y hasta rendida le dieron lucha
los cordones de plata noble
que le amarraban a la vida.
Pero tanta raza y tanta sangre
no le sirvieron de nada.
Esta señora, que debió nacer libre,
arrastró sin un ay

todo tipo de cadenas
largas, enrolladas a los hombros,
soportando el peso muerto
de toda una familia, a cuestas,
camino, siempre, caminando arriba.

Nunca, recuerdo,
emitió lamento alguno.

Pero ni todo el sudor
pudo ensuciarle una sola vez la cara,
siempre de frente,
madre clara,
aunque no te sirva ya de nada
te recuerdo, carne tuya de tu carne,
sangre que fluyes
por la de mi niña
y por mi propia sangre;
madre, o mamá, o señora
que ahora declinas tu verbo:
descansa;
mira tus mismos ojos
de tierra fresca, de lluvia fina
que te dan las gracias,
aunque desgraciadamente
ya no sirvan de nada.

(Cristóbal Sanmartín, *Sangre es sangre*)

Siempre me parecerá curioso que todo esto ocurriese justo cuando comenzaba a trabajar el perdón en sus meditaciones diarias. Un mes antes de que le diagnosticasen, Cris me decía que estaba empezando una práctica sobre la compasión siguiendo unas pautas que el Dalai Lama daba en un libro. Me gustaría explicar que la compasión en el budismo se entiende de manera diferente a como se hace en nuestra cultura, donde con frecuencia se confunde con la lástima o la condescendencia. El buda dijo que todos los hombres tienen en común la vulnerabilidad ante el sufrimiento y el deseo de liberarse del mismo. Desde esta perspectiva, la compasión se define como la capacidad de comprender esa realidad común y el compromiso ético de combatir el sufrimiento en uno mismo y en los otros. El sentimiento de compasión en este sentido está emparentado con la empatía o capacidad de ponerse en el lugar del otro, y con la solidaridad o voluntad de compartir ese sufrimiento con el fin de aliviarlo. En esta concepción de la compasión, que se practica desde la igualdad, el otro es otra versión de mí, y por tanto el sufrimiento de cada ser es el de todos los seres.

En este sentido Cris, poco antes del diagnóstico, me hablaba de que estaba empezando a ver a su padre de otra manera. A sentir que un hombre que no puede amar a su propio hijo es un hombre que debe de sufrir mucho y que se pierde la inmensidad de emociones que él mismo como padre sentía por su hija. Empezó a sentir compasión real por su padre y es cuando empezaron a pasar cosas que le llamaron la atención. Por ejemplo, encontrar a su prima por las redes sociales o que su tío lo buscara para invitarlo a la boda de su primo.

No llegamos a ir a la boda de su primo pero gracias a esa invitación pude llamar al tío y pedirle el teléfono de su padre. Cuando tuve la confirmación de que iba a venir junto con sus tíos fue el momento en que le di la noticia a Cris. No antes, porque en el caso de que su padre hubiese rechazado venir le habría roto el alma. Cris me cogió de la mano y me dijo:

-No me dejes a solas con él.

Yo le miré a los ojos haciéndole entender que no lo iba a dejar nunca. Después de años de distancia, ese padre y ese hijo se volvieron a ver las caras. Para Cristóbal fue importante sentir que su padre se preocupaba por él. Apenas pudo creer que su progenitor (así lo llamaba) se quedase a su lado junto a su cama hasta el día siguiente. Le volví a mirar a los ojos para ver si era eso lo que él quería. Vi al niño herido que deseaba sentirse amado por el padre y que en ese momento estaba atónito porque, quizá, ese hombre, a su manera, lo quería y hasta ahora no se lo había sabido demostrar. Y es que el orgullo desaparece en estas circunstancias, donde la vida cobra un sentido totalmente nuevo. Nos quedó la duda de si ese ofrecimiento lo hizo el padre porque quiso estar al lado de su hijo o simplemente porque quería responder como debía a las convenciones sociales. Sea como fuese, para Cris significó el inicio del perdón.

También di el recado a sus tíos para que contactaran con su hermano. El padre apenas mantenía relación con su otro hijo. Cuando Cris me había hablado de su hermano lo había hecho con cariño pero con distancia, pues le dolía mucho el daño que se le hizo a su madre cuando ya estaba enferma. Sin embargo, cuando vino ese hermano, todo lo que les había separado se disolvió. Parecía mentira que Cris no conociese a su sobrina que en ese momento contaba ya con dieciocho años. Ahora, hablando con su hermano, supo de cosas que le habían ocurrido y en las que no pudo acompañarle por la distancia, y es ahí cuando se dio cuenta de que defender una razón, por mucho que creas que la tienes, a veces es incompatible con la cercanía de aquellos que te importan. Ahora, sabiendo lo que sabía, le hubiese gustado estar cerca de su hermano, porque él también sabía cómo dolía una hija.

Y de esta manera, ese hombre invisible, como se describía a sí mismo en el poema, fue recuperando forma y presencia en muchas vidas de las que se había despedido hacía un tiempo. Amigos y familiares fueron enterándose, apareciendo y dándole cariño. Esto fue un cambio en su visión de la vida, más amorosa, más amable. La vida le estaba dando la oportunidad de perdonar, cosa que había pedido cuando empezó a practicar la meditación de la compasión.

8.- EN EL HOSPITAL

Qué bonita eres, mi Cande, cuánta luz desprendes, cuánta suerte tengo de estar a tu lado, cuántos adverbios de cantidad seguidos por tantos calificativos preciosos tengo aún que escribirte. Te quiero con locura.

(SMS de Cristóbal Sanmartín escrito desde el hospital)

Estuvimos un mes y medio en el hospital. Las emociones se seguían unas a otras. Miedo, preocupación, incertidumbre, sorpresa, cariño… Cómo las vivas depende en parte del carácter de cada uno, pero también de las personas que te encuentras en esos momentos. Es muy importante la atención de los profesionales sanitarios con las personas enfermas, sobre todo con aquéllas que padecen de una cierta gravedad, y muy especialmente cuando se trata de esas enfermedades que marcan un antes y un después en nuestras vidas. Cuando llega el diagnóstico hay mucha información nueva, muchas dudas y muchos miedos. Es tal la conmoción que ni tan siquiera sabes qué preguntar, qué opciones tienes, cuál es el pronóstico o, incluso, si se te está ocultando parte de la realidad. Encontrar a un profesional al otro lado que empatice con lo que el paciente siente y que dé respuesta a ese estado puede cambiar radicalmente la manera de enfrentar la enfermedad, incluso, me atrevería decir, el pronóstico en algunos casos. También es cierto que hay personas que quieren saber y otras que prefieren saber lo mínimo, personas que quieren decidir y otras que dejan todo en manos del personal médico. Por eso el profesional y el paciente deberían llegar a un buen nivel de confianza. Si no te sientes informado y deseas estarlo, puedes buscar información por otro lado, y a veces la información que te llega es contradictoria o no es fiable.

En nuestro caso, la neumóloga que nos dio la noticia fue accesible y nos aportó toda la información de que disponía cuando lo solicitamos Hubiésemos agradecido saber todas las ayudas y opciones que teníamos. Uno no solicita aquello que no sabe que existe. Desde un primer momento pedí asistencia psicológica, porque quería tener la seguridad de que estábamos llevando el proceso de la mejor manera posible, con la actitud adecuada. Es algo que yo solicité porque sabía que en los hospitales suele haber este tipo de servicios, pero nadie me lo ofreció. La psicóloga hizo algo muy importante, le explicó a Cris en qué consistía su enfermedad, qué podría sentir a lo largo del proceso y la mejor actitud que podría tomar ante esos sentimientos. Estoy muy agradecida a la psicóloga que estuvo primero con mi marido y después conmigo. La actitud de él fue mucho más activa a partir de su visita, mucho más positiva también. Encuentro fundamental que exista la asistencia psicológica haciendo el seguimiento de este tipo de casos, ya no como una opción sino como un servicio que debería estar en el protocolo de los equipos médicos. Sin embargo los psicólogos en los hospitales son casi anecdóticos. A veces, con suerte, en hospitales de más de mil camas puedes encontrar a dos o tres, y en muchos casos no son personal del hospital sino que se ha llegado a un acuerdo con alguna asociación para que ese psicólogo pase visita allí. En nuestro caso fue la Asociación Española Contra el Cáncer la que facilitaba el servicio.

Las enfermeras de la planta de neumología nos trataron muy bien, nos cuidaron y fueron amables. También quiero mencionar a la limpiadora, que siempre sacaba una sonrisa a Cris, no tenía miedo de mirarlo a la cara cuando nos dieron la noticia y le decía: "Tú lo que tienes que hacer es buscar un sitio tranquilo, ponerte una almohada en la cara y gritar", porque Cris reprimía mucho de lo que sentía.

Casi olvido mencionar que hubo un segundo diagnóstico a parte del adenocarcinoma. Aprovechamos para preguntar por una mancha que tenía en la espalda y que resultó ser un melanoma. El dermatólogo, al hacer las pruebas en su consulta, le dijo: "Hay que ver con qué ojos de amor te mira tu mujer". Los dos nos sonreímos, y Cristóbal se mostró orgulloso: "Sí, ya lo sé". Ese comentario fuera de lo estrictamente profesional nos hizo sentirnos personas y no números. De hecho empezamos a bromear con él, porque, quizá para tomar distancia con todo lo que nos estaba ocurriendo, no perdimos el sentido del humor, y le dijimos que a nosotros nos gustaba la serie televisiva "House" y que sentíamos como si formásemos parte de uno de sus capítulos, a lo que este médico dijo que a él no le gustaba esa serie y que el prototipo de médico que en ella se mostraba estaba muy alejado de lo que él consideraba un buen médico. Ahora comparto completamente la visión de este dermatólogo.

Hasta casi tres semanas después no nos atendieron los oncólogos, quienes ya habían tenido conocimiento del caso a través del comité de tumores. Finalmente, nos subieron a la planta de oncología y algo cambió. Por supuesto que fueron correctos en el trato, pero no los sentimos tan cercanos. Sobre todo el cambio lo percibimos por parte de los oncólogos. Normalmente venían con los residentes y hablaban de Cris en tercera persona. Cuando él les preguntaba no le miraban a los ojos, y las respuestas normalmente resultaban muy ambiguas y poco esclarecedoras. Pero llegamos a entender que la causa del encharcamiento en los pulmones era que la pleura no se adhería a los mismos porque esa mancha cancerosa que era el adenocarcinoma no lo permitía, y no se podía extirpar, aunque Cris sí pasó por el quirófano para que le instalasen el "pleur evac", una especie de maleta que estaba conectada con un tubo al pulmón y por donde se drenaba el líquido. El cirujano introdujo antibiótico para ver si hacía que se adhiriese la pleura pero no hubo éxito, cada día el "pleur evac" se llenaba con cerca de dos litros de líquido. A la semana lo sometieron a otra operación introduciendo talco, pero tampoco sirvió de nada. La única alternativa que nos quedaba era la quimioterapia, que debía hacer que muriesen esas células cancerosas, lo que provocaría que se adhiriese de nuevo.

En las dos operaciones yo fui la única persona que esperó fuera del quirófano y que habló con el cirujano. Y qué satisfacción cuando al salir él buscaba mi mano, era lo único que necesitaba en ese momento, mi mano, no le hubiese valido otra. A veces el sentido de la vida se encuentra en que exista esa mano a la salida de un quirófano. Y él siempre encontró la mía. Ya en planta del hospital sabíamos que cualquier urgencia, cualquier duda, cualquier problema rápidamente sería tratado. La rutina que siguió a las operaciones consistía en que todos los días le sacaban sangre, le tomaban la tensión, le hacían las curas, analizaban lo que había orinado y el líquido extraído del pulmón. En definitiva, simplemente uno se aburría a causa de los días interminables que recordaban el anterior y predecían el siguiente, pero al menos teníamos la tranquilidad de saber que todo estaba controlado. Cristóbal se desesperaba y paseaba por todo el hospital. Muchas veces llegábamos a la calle, él con su maleta en la mano. Por las noches no podía dormir en la cama, le molestaba el tubo que tenía en el pulmón la cama le resultaba muy incómoda. Yo dormía allí la mayoría de las noches, y como él sólo podía dormir en el sillón yo me acostaba en la cama. Bromeábamos con los enfermeros, no fuese que un día me diesen la medicación a mí.

Al mes y medio nos dieron el alta y Cristóbal pasó a ser un paciente ambulatorio. Y, aunque los primeros meses pudimos hacer una vida más o menos normal, la relación con los médicos cambió radicalmente. Hubiésemos agradecido que nos hablasen de qué hábitos de vida deberíamos hacer, que nos hubiesen facilitado algún tipo de dieta, si tenía que hacer ejercicio... Pero sólo recibimos un tratamiento y algunos consejos en un panfleto que un enfermero nos dio cuando se iniciaron las sesiones de quimio. Quizá hubiese sido interesante saber que existía la posibilidad de congelar esperma por si posteriormente queríamos ser padres. Uno no pregunta lo que no sabe.

La primera sesión tuvo lugar en la planta del hospital. Cuando vino aquel enfermero con las bolsas a la habitación. La bomba, los sueros… Desde la consciencia de que lo iban a envenenar y que yo no iba a evitarlo. Era el mal necesario. Al día siguiente nos fuimos a casa esperando ver qué era realmente eso de la quimio, aquello que asustaba tanto. Los efectos secundarios más o menos fueron soportables. Los dos o tres primeros días Cris estuvo relativamente bien, pero poco a poco se le fue secando la boca y a los cuatro días empezó a sentirse muy, muy cansado. El pelo se le iba cayendo, aunque no se quedó calvo. A partir del décimo día comenzó a recuperarse. Dos o tres días antes de la siguiente quimio estaba fuerte. Experimentar esto nos sirvió de pauta para, a partir de entonces, saber qué días podríamos hacer planes y qué días no. Fuimos aprendiendo sobre la marcha.

9.- VIVIR MURIENDO O MORIR VIVIENDO

Curvas tu cintura
llorando rojas perlas.
Bajo la transparencia frágil
de tu corpiño, dilatas
el tiempo con aromas
a vainillas, a infancia,
a frutas como la sangre,
exudación de madera.

Y te acercas un rato,
y me conservas,
no sé si esperando volver a la tierra
que te retorciera,
ocre interrogación
buscando la luz
por ti detentada, ahora
prisionera de un milagro
inaccesible,
frágil.
Ven a contarme,
dime a qué sabe el sol;
yo te hablaré de la noche
oscura
que habita en la bodega de mi alma.

(Cristóbal Sanmartín, *La buena cepa*)

Y llega el día en el que ya aceptas lo que hay y sales del hospital y sigues viviendo. La vida ya no es lo que era. El futuro, de repente, no existe. La vida es lo que pasa aquí y ahora. Se comienza a convivir con el tratamiento, con la quimio. Aprendes a que esa palabra regule tus actividades, tu día a día.

Al principio, en el diagnóstico, surge la primera pregunta que viene después de la incredulidad y el sentimiento de que esto no nos puede estar pasando a nosotros. Cuando por fin lo aceptamos nos preguntamos: ¿Por qué a nosotros? ¿Por qué ahora que comenzábamos a ser felices? ¿Por qué si Dios existe permite que pase esto? ¿Es un castigo divino? ¿Es la confirmación de que nada tiene sentido y de que estamos aquí por puro azar? Lo cierto es que hacerse todo ese tipo de preguntas, aunque es inevitable, tampoco es útil para afrontar el proceso de la enfermedad y del tratamiento.

Llega el día en el que entras por primera vez en un hospital de día de oncología. La palabra cáncer engloba un gran número de casos y de diferentes tratamientos, no es lo mismo un cáncer de mama que uno de colon o que uno de pulmón. También depende del estadio en el que se encuentra localizado el tumor, si es sólido o si no. Estas diferencias hacen que aplicar el tratamiento sea más o menos agresivo, que en algunos exista la posibilidad de cirugía, en otros quimio, radio… Lo cierto es que la palabra cáncer abarca un gran número de enfermedades y, en muchos casos, no tiene nada que ver un tipo de paciente con otro.

Pero cuando oímos por primera vez la palabra cáncer sentimos que todo es lo mismo, un gran abismo. Allí, en ese hospital de día, ves a unas cien personas. Cien personas a quienes les han dicho la palabra cáncer como a ti, cien personas que también se someten a un tratamiento, cien personas que se han preguntado: ¿Por qué a nosotros? Y sabes que al día siguiente muy probablemente habrá otras cien personas que se habrán preguntado lo mismo. En ese momento, entiendes claramente que el sufrimiento existe y entonces la pregunta es otra: ¿Y por qué no? ¿Soy acaso mejor que esa otra persona para librarme de esta experiencia?

Cuando llegamos al hospital de día de oncología fuimos conscientes de que realmente no es que tuviésemos mala suerte, sino que aquello era lo que nos había tocado en suerte. Porque es lo que tiene la vida, que te hace susceptible de que te pasen cosas, cosas que te gustan o que no te gustan. Y no se le debe tener miedo a la vida, o sentir que te tiene manía cuando las cosas no son cómo te gustaría que fuesen. Aprendimos a llevarlo con normalidad en el día a día, como tantas personas aprenden. También aprendimos a vivir el momento, a no adelantarnos a los acontecimientos. A aceptar que había momentos mejores y momentos peores, y a vivirlos.

Cada veintiún días del ciclo tocaba levantarse temprano, ir en ayunas al hospital para sacar una muestra de sangre y someterse a un TAC. Una vez hecho esto nos íbamos a desayunar a otro edificio, y luego a consultas externas para, según los resultados de las pruebas, determinar qué tratamiento iban a aplicar a Cris ese día. Daba igual la hora que tuviésemos en la cita previa, el doctor no empezaba a visitar antes de las once y media, aunque en el papel marcara las diez. Podría prolongarse hasta las dos de la tarde. La primera vez sorprende, luego sabes que es así y nosotros optamos por llenarnos de paciencia, allí ser un paciente con cáncer no te daba ningún privilegio, la sala estaba llena de pacientes oncológicos y había tres oncólogos que apenas daban a basto. Una vez que el doctor nos atendía, examinaba los resultados de los análisis de sangre y del TAC, evitaba mirarnos a los ojos, sobre todo a los de Cris, hacía unas cuantas preguntas sobre los efectos secundarios que había experimentado y en cinco minutos estabas fuera con el tratamiento que debían proporcionarte en el hospital de día. Si decía: "Parece que el tratamiento está dando resultado", respirábamos acogiéndonos a esa esperanza y ya no nos importaba nada el tiempo que habíamos tenido que esperar, ni el madrugón, ni la toma de sangre y demás pruebas, en el ascensor nos abrazábamos pensando que lo conseguiríamos, que merecía la pena luchar.

Bajábamos al hospital de día y volvíamos a esperar un buen rato hasta que nos llamaban para la quimio. Allí, en aquella sala verde, calculé que había espacio para unas cien personas, cien personas conectadas a las máquinas, todas con sus vidas, con sus miedos y esperanzas. Habría como seis enfermeras que controlaban todas esas máquinas, cambiando las bolsas de los goteros cuando pitaban. En alguna ocasión Cris estuvo conectado a una de ellas hasta nueve horas. Cuando aquello terminaba cogíamos un taxi para ir a casa. Luego, cuando estuvo más deteriorado, nos llevaba una ambulancia.

Tuvimos facilidades para que la niña pudiera estar con su papá cuando él estaba mejor, no hubo problemas en cuanto a turnos de visitas ni nada por el estilo. La madre de la niña le explicó a su hija la enfermedad que tenía su padre y entre todos le contamos, adaptando la información a su edad, en qué consistía el tratamiento. Tratar de ocultar algo así es absurdo, los niños no son tontos y la hija de Cris menos todavía. No estuvo en el día a día, apenas vio cuanto sufrió Cris, pero tampoco hizo falta. Que en esos momentos la anterior pareja de Cris tuviese la voluntad de normalizar las visitas de la niña siendo flexible con los ciclos de Cris mereció nuestra más profunda gratitud.

Finalmente la vida continúa y uno incluye la palabra cáncer en la rutina diaria. Las pastillas de la mañana, de la tarde y de la noche, el hospital, el centro de salud, la farmacia... Nosotros tratamos de convivir con ello de la manera que nos limitara lo menos posible. Cris se sintió capaz de hacer muchas tareas domésticas durante los primeros meses de su enfermedad. Llegamos al acuerdo de que mientras él no me pidiese ayuda yo no lo atosigaría a cuidados. Es cierto que dejó de ir a trabajar, pero compraba, cocinaba y compartíamos las tareas de casa. Porque Cris seguía siendo él aunque a veces pareciese que la palabra enfermo lo abarcaba todo. Un día se extrañó de que para ir a un determinado lugar yo hiciese un recorrido absurdo tratando de evitarle las cuestas del camino. Me dejó claro que era él quien iba a decidir si podía o no hacer cualquier actividad y que la psicóloga le había hablado de lo importante que era mantenerse activo. Así que no le dije nada cuando decidió venirse a correr conmigo. Me dijo que fuera a mi ritmo y que él iría al suyo, en el tiempo en que yo di seis vueltas él sólo dio una y media y cuando me lo encontré estaba riéndose. Me comentó que un padre que estaba con su niño de unos seis años le dijo a éste: "Ve con cuidado, tienes que ir tan despacio como este señor". Cristóbal en ese momento se sintió, después de mucho tiempo, sólo como un hombre que corría despacio, no como una persona con una enfermedad.

Los efectos secundarios producidos por la quimio también fueron normalizados e introducidos en el día a día de nuestra cotidianidad. Conseguimos que el cáncer fuese algo más en nuestras vidas, pero no era lo único ni mucho menos lo más importante.

Tuvimos la suerte de contar con Nuria, nuestra médica de cabecera. La relación comenzó a ser familiar cuando volvimos del hospital con el diagnóstico del adenocarcinoma. Ella se mostró muy accesible y humana, no tenía ningún problema a la hora de mirar a Cris a los ojos y hablarle sobre aquello que le inquietase. Cuando teníamos cualquier duda llamaba al centro de salud y me pasaban directamente con ella, y si no estaba todos los médicos del centro, que habían sido informados de nuestro caso, nos atendían. Desafortunadamente, aunque podían tratar algunos efectos secundarios de la quimio, sólo podíamos hablar de los tratamientos que le estaban aplicando a Cris con el oncólogo, y eso sí que era complicado, ya que resultaba difícil acceder a él si no era el día en el que teníamos la cita.

Cuando salimos del hospital, después de la primera quimio, nos asaltaron muchas dudas. Sabíamos que Cris se cansaría mucho, que se le secaría la boca y que en el caso de que tuviera fiebre y le subiera a más de 38 grados debíamos ir a urgencias. Cuando pasaba esto, allí le extraían sangre para hacer una analítica y miraban que los niveles estuviesen dentro de la normalidad, pero tener un mal estado general se daba por hecho en un paciente oncológico. Quien podía decidir sobre qué hacer con este tipo de paciente era el oncólogo, pero nunca vi a ninguno en urgencias. Y una no sabe, pero te das cuenta de que los médicos de urgencias tampoco miran a la cara, limitándose a observar los análisis. Y vuelven a enviar a un paciente a casa cuando se le pasa un poco el dolor, o después de una transfusión, tras haberlo tenidos seis o siete horas en una camilla.

A veces ocurre, cuando te enfrentas a una enfermedad como el cáncer, que te das cuenta de que los planes, la manera de organizarte y entender la vida hasta entonces, pierden totalmente su sentido y efectividad. En el caso del cáncer, los planes los empiezan a regir los ciclos de un tratamiento. Sabes que unos días van a ser físicamente horribles para después comenzar a recuperarte un poco. Además enfrentarse con la amenaza de que este viaje, que se llama vida, puede tener su última parada cerca, hace que esos planes no se hagan a más de dos o tres meses de distancia. Nos funcionaba no adelantarnos a los acontecimientos, por ejemplo, si te tienen que hacer una prueba, no estar con la preocupación constantemente, porque así lo único que se hace es malgastar segundos en cosas inútiles cuando se puede perfectamente disfrutar del tacto de una caricia. Todo esto puede enseñar a vivir el presente, hacernos más conscientes de cada momento, poder disfrutar también los instantes, que sabes que son únicos, y celebrar como una fiesta los pequeños logros que se consiguen. Aprender esto es muy importante, tanto para la persona que padece la enfermedad como para quienes constituyen su entorno, si desean aprenderlo. Es una gran lección de vida.

No quiero decir con esto que el cáncer se convierta en el centro de la vida en ese momento. Nosotros nos hicimos una pregunta más: ¿Para qué? Si aceptábamos todo esto al menos necesitábamos encontrar un sentido último. En nuestro afán de vencer el cáncer, decidimos que íbamos a ser ejemplo, primero para demostrar que los milagros existen y, segundo, porque trascender esa experiencia nos uniría de una manera única, de una manera en que nada ya podría separarnos, nunca… Ahora he aprendido que el sentido no se encuentra cuando estás en la lucha, sino cuando has pasado la prueba.

10.- ¿Y SI NOS CASAMOS?

(...)
pero hagamos un trato
yo quisiera contar
con usted

es tan lindo
saber que usted existe
uno se siente vivo
y cuando digo esto
quiero decir contar
aunque sea hasta dos
aunque sea hasta cinco
no ya para que acuda
presurosa en mi auxilio
sino para saber
a ciencia cierta
que usted sabe que puede
contar conmigo.

(Mario Benedetti, *Hagamos un trato*)

Cuando nos poníamos vencejos, a volar alto e imaginar nuestro futuro juntos, antes de que la palabra cáncer se colara sin ser invitada en nuestras vidas, imaginábamos una vida tranquila. Una casita cerca de alguna ciudad, pero no en la ciudad, podría ser un pueblo cercano o algún barrio apartado. Nos imaginábamos un barrio obrero con casas bajas. Imaginábamos a nuestro niño, del que no teníamos todavía el nombre, o quizá a una niña que él quería llamar Candela y a lo que yo me negaba. En la boda de mi primo me dijo que quería una gran fiesta como ésa conmigo. Celebrarlo a lo grande y yo, que nunca me había querido casar, ni había pensado en la idea de tener hijos, empezaba a sentirme feliz sólo con la posibilidad de vivir aquello con él. Sólo nos faltaba algo de tiempo y que la diosa fortuna nos guiñara un ojo para permitírnoslo.

Pero no vino nada de eso, vino un diagnóstico y un hospital, y un estar juntos y un compromiso hasta las últimas consecuencias pero, a la hora de la verdad, yo sólo era su compañera de piso. Sin embargo todas las enfermeras y médicos nos trataban como si fuéramos matrimonio. Hablaban de mi marido y a mí me encantaba que lo nombraran así. Cuando contacté con sus familiares me di cuenta de que esas personas que hacía años no tenían ningún tipo de presencia en la vida de Cristóbal, de hecho, a efectos legales tenían más derecho que yo. Si me querían mantener apartada, si querían hablar con los médicos y que yo no me enterase, o si Cris estaba agonizante y no podía hablar, ellos podían tomar decisiones excluyéndome a mí. Fui yo la que me acerqué a él en la cama del hospital y le dije, sin hincarme de rodillas y sin anillo y sin nada: ¿Qué tal si nos casamos? Y él me dijo: "Me quiero casar contigo, pero así no. Quiero una fiesta, quiero que salgamos de esto". Lo entendí y no volví a sacar el tema.

Fue más tarde, ya fuera del hospital, cuando un día al volver del trabajo encontré a Cris pensativo. Le estaba dando vueltas a nuestra situación, a los derechos y no derechos que teníamos por no estar casados. Fue entonces él quien me preguntó sin hincarse de rodillas, sin anillo, sin nada: "¿Qué tal si nos casamos?" Y yo le dije que para mí ya era mi marido, pero que lo podíamos hacer. En nuestros sueños esto no debía ocurrir de esa manera, pero fue la manera en la que ocurrió. Y en ese momento pasó algo, de pronto hubo una ilusión que nos sorprendió. Era algo que podíamos hacer y que el cáncer no nos podría impedir. De pronto lo más importante fue casarnos y el tratamiento sólo nos pautaría los ritmos.

Cris fue al juzgado para pedir cita. La niña vino con nosotros cuando compramos las alianzas, que yo decía que no eran necesarias pero que para él resultaban imprescindibles. Íbamos a comer a restaurantes para ver dónde podríamos invitar a nuestras familias. Dejamos la enfermedad en un segundo plano, porque lo que nos importaba era querernos, disfrutarnos, mientras el cáncer nos recordaba constantemente que debíamos vivir el momento, como si ese tiempo juntos fuese un preciado regalo.

Compramos nuestros trajes, el mío lo escondí pero él lo encontró en mi armario. Es cierto que nuestras familias no mostraron entusiasmo con la idea, así que como estábamos acostumbrados nos organizamos solos. Aquel 21 de enero me levanté temprano mientras él todavía dormía, fui a recoger mi ramo y después a la peluquería. Cuando volví a casa me esperaba con su amigo Andrés, que nos llevó en coche. Cuando se había despertado empezó a dolerle mucho el pecho y por un momento sintió que no se iba a poder celebrar la boda, pero de repente los dolores cesaron. Me cambié de ropa y al verme exclamó "¡Pero qué guapa! ¿De verdad te vas a casar conmigo?", como si no se lo creyera. Yo cogí la corbata y le hice el nudo, era la primera vez en su vida que se ponía una corbata y no se lo sabía hacer. Una vez en el juzgado fuimos los últimos en casarnos. Hubo caras de alegría, aunque no todas, pero lo importante es que mi familia y la suya estuvieron.

No fue una gran boda, sólo la familia más cercana: padres, hermanos, sobrinos, la hija de Cristóbal y su madre con su nueva pareja. Podríamos habernos casado a solas, pero la presencia de aquellas personas ese día era muy importante. Únicamente nos faltó celebrarlo otro día más, con nuestros amigos, quienes se habían alegrado sin reservas de que diésemos el paso.

Una vez que la jueza nos reconoció como marido y mujer, a mí se me llenaba la boca cuando decía "Marido" y él cogió la costumbre de besar su alianza mientras me miraba a lo lejos. La misma alianza que llevo hoy al cuello y que he tomado la costumbre de besar también. A partir de entonces Cris empezó a empeorar rápidamente, como si hubiese estado esperando a casarnos para cumplir con su último propósito de vida.

11.- CUIDADO DEL CUIDADOR

Hoy, martes y pico de noviembre
decido salir del paso,
con un pie en lo alto,
un poco hastiado
de las volutas de las olas
coroladas de blanco,
roto blanco, que no dicen nada
de la ventisca que las mueve,
sonámbulas olas que sumergen
en el más frío letargo
a esos extraños peces
abisales
que habitan el alma
(profundo sueño
en el que bailan las algas).

Hoy, cuando ya me empiezo a cansar
del año que viene,
sin haberlo siquiera visto claro,
la espuma, quiero decir,
la de los días de invierno
acaramelado, de madera noble
(de color invisible)
inundando la calle
de olores de árbol.

Hoy (y ya me dejo caer
al suelo, por no saber explicarlo)
le salgo al paso a la angustia
y me dejo envolver, sinceramente,
por el rastro de las hojas,
por las estrellas de mar
de algunos amigos que me saludan,
que van, como quien no quiere la cosa,
sin hacer daño, amablemente,
caminando.

(Cristóbal Sanmartín, *Hoy martes y pico de noviembre*)

Y es que podemos pensar que en la vida las cosas que experimentamos ocurren por azar. Acontecimientos que accidentalmente te llevan el uno al otro sin ningún criterio que los una, excepto, quizás, una intención previa, una búsqueda de objetivos y la lucha por conseguirlos. No niego que esto sea de esta manera, pero las cosas que nos suceden, las cosas que nos abordan por el camino, los obstáculos, son sólo parte del proceso, ese proceso en el que finalmente uno supera lo que tiene que superar o, si no, repite las mismas experiencias una y otra vez. En el momento presente en el que se viven los acontecimientos, lo que suele ocurrir es que no se llega a encontrar el sentido de los mismos, pero después, cuando miras la vida con perspectiva, puedes empezar a darte cuenta de que todo tiene un por qué, un sentido último, un camino que te ha guiado desde un inicio

83

hasta un lugar que todavía ha de definirse, y de que los conocimientos adquiridos por esas experiencias pasadas han proporcionado recursos necesarios para hacer frente a las presentes.

En el tiempo en que estuve dedicándome a los estudios de mercado en la industria farmacéutica hice muchas entrevistas a médicos, a pacientes y a cuidadores. Vi de cerca cómo una enfermedad crónica puede afectar a un cuidador y cómo un cuidador que no se cuida no es capaz de cuidar de manera óptima a su familiar enfermo. Es por eso que cuando me ofrecieron un trabajo a media jornada, justo cuando dieron a Cris el alta del hospital, me pareció que era lo mejor que nos podía pasar en esas circunstancias, porque al haber estado cinco horas al día trabajando haría que al volver a su lado estuviese motivada, con la sonrisa en la boca, con temas de conversación, después de habernos echado tanto de menos. A su vez, él tendría un tiempo también para su intimidad, para sus pensamientos, sus miedos y sus esperanzas.

Cris no sólo fue el cuidado sino que también me cuidaba. Al principio podía hacer una vida muy normal y cocinaba, iba a comprar... Esto nos aportaba normalidad, se sabía útil y sentirnos útiles siempre da un sentimiento de dignidad en la vida, en la de cualquiera. Pero, sobre todo en la vida de pareja, cambiar drásticamente el rol que uno interpreta por un diagnóstico, puede afectar de una manera muy negativa en la autoestima de la persona que padece la enfermedad. Él se mantuvo activo en la medida que el pudo, hacía las cosas que podía hacer y yo se lo permitía.

Porque lo quería, quise estar fuerte y lo estuve. Seguía manteniéndome en forma, no dejé de ir a correr media hora todos los días. Poco a poco tuve que poder con más cosas y pude. Pero siempre desde la consciencia de que yo no era una supermujer y de que si necesitaba ayuda la pediría (una gran lección porque me costaba pedir ayuda, como también a Cris). Y si las cosas no salían perfectas, tampoco pasaría nada.

Cuando se empieza a perder autonomía, se pueden experimentar muchas emociones dispares. Apatía, tristeza, rabia, miedo, vergüenza… Según el temperamento de la persona enferma, ésta puede sentir rabia simplemente de que el cuidador esté sano. Por eso a veces quienes enferman pueden volverse iracundos, pueden maltratar verbal y psicológicamente al cuidador, hay que ponerse en su lugar, pero esto también le pasa factura al cuidador. Al igual que todas las personas somos diferentes, el hecho de enfermar no santifica al enfermo, sus virtudes y defectos se hacen más visibles que nunca. Contar con un apoyo psicológico es importante tanto para la persona enferma como para el cuidador. Tener un tiempo para uno mismo, pedir ayuda, relevos, alguien con quien hablar, es esencial.

Afortunadamente Cris no era así, él deseaba molestar lo menos posible. A veces pedirme, de la manera en la que él me pedía, que por favor le alcanzase algo, me parecía de lo más tierno. Mi esfuerzo en este sentido era estar pendiente sin ser pesada de lo que pudiese necesitar, y hacerle entender que a mí no me importaba hacer cualquier cosa que mejorase su calidad de vida pero que tenía que decirme lo que necesitaba, porque yo no podía adivinarlo todo el tiempo. Sí, muchas veces estaba más pendiente de que yo estuviese bien que de él mismo. A veces lo sorprendía mirándome con unos ojos llenos de amor y me decía: "¿Cómo puedes con todo?", y para mí todo era fácil mientras me siguiese mirando.

12.- ETERNIDADES

Todo pasó, menos tú, menos yo,
cuando nos convertimos en nosotros.
Nosotros somos y persistimos.
En nuestra existencia, libre de átomos,
el tiempo sólo nos recuerda que somos atemporales,
testigos privilegiados del Amor Eterno.
Nosotros siempre somos
aunque no estés, aunque no estemos.
Fijamos un instante, un día,
para compartir lo que sabemos:
que el Amor es Eterno.
Hoy es nuestro aniversario
y tus átomos no están.
Fue un día,
como pudieron ser tantos,
de miradas eternas,
besos eternos,
caricias eternas,
instantes eternos...
Tus brazos se convirtieron
en el hogar de mi alma nómada.
Tus ojos fueron espejos
de la grandeza de mi Ser.
Tu generosidad y humildad
me colmaron de gratitud.
Tu confianza infinita
me abrió la puerta de la seguridad plena.

Todo cambia, nada permanece, como diría Heráclito. Todo pasa, nada queda, puede ser. Pero a pesar de la impermanencia, el tiempo pone las cosas en su sitio y nos iguala al final del viaje. A pesar de que todavía me resulte imposible entender que una vez Cris estuviese en mi vida, que hubo un antes en el que no estaba y, lo más paradójico, que yo estaba mientras que él ya no existía, a pesar de todo esto, existen momentos e instantes eternos, que vivimos y que revivo. Momentos que sólo he podido entender viviendo lo que nos tocó vivir. La eternidad existe a pesar de la aparente linealidad del tiempo y las limitaciones de esta supuesta linealidad. No diré nada nuevo si afirmo que el tiempo es relativo. En mi experiencia la eternidad la vivo cada vez que conecto con la emoción del amor, sobre todo se me hace muy palpable cuando ese amor es el de Cristóbal porque, para mí, es el amor más puro e incondicional que he sentido hasta el ahora donde habito. Es gracias a esa emoción que el tiempo no importa, porque sólo soy en esa emoción que me llena y me hace mejor. Y es por ella que tengo a bien compartir este inventario de recuerdos que me llevan a ese estado de eternidad que a veces dura segundos.

El baile

A Cristóbal le gustaba sentarse frente al ordenador, podía estar horas así, realmente distraído. A veces se ponía a buscar información sobre astrofísica, estrellas, galaxias, agujeros negros. Otras, sin embargo, se centraba en la menudencia de la física cuántica, la composición de los átomos, sus neutrones o neutrinos. Le emocionaba que pudiesen descubrir el bosón de Higs. Otras veces escribía y escribía, y disfrutaba escribiendo mientras escuchaba música, tan importante para él.

Hacía un tiempo que Cris ya no podía hacer esas cosas. Iba de la cama al sofá y del sofá a la cama. No tenía fuerzas apenas para mantenerse en pie, y se apoyaba en las paredes si no estaba yo o, si estaba, se apoyaba en mis hombros dejando caer su peso sobre mí, abrazándome, para andar un poco por la casa. Lo peor era el dolor y por eso tomaba morfina. Entenderéis que el día en que llegué a casa, y me lo encontré sentado al ordenador, buscando cosas en Internet con la música puesta, me sorprendiese tanto. Él me miró sonriendo y me dijo:
-Cariño, es que hoy no me duele nada, no sé por qué pero no me duele nada.

-¿Y qué haces ahí sentado? – exclamé - ¡Vamos a bailar! ¡Hoy es fiesta!

Sonaba una música lenta, lamento no recordar exactamente la canción, pero era lenta. Cris se levantó y se apoyó en mí. Nos balanceamos, primero mirándonos a los ojos, esos mismos ojos que cuando ahora cierro los míos vuelvo a ver y me hacen sentirlo dentro, luego se apoyó completamente en mí mientras sonaba la canción.

Miradas

Había momentos en los que Cristóbal estaba recostado en el sofá de dos plazas, que se convirtió en el lugar de la tierra más incómodo para él después de su propio cuerpo. De repente me miraba y yo le devolvía la mirada. Un observador externo, ajeno a nuestra historia, lo podría describir como cuando los niños juegan a ver quién aguanta más sin pestañear. Pero para nosotros esa forma de estar era un tesoro, algo que trascendía las palabras. Cristóbal me miraba y en esa mirada estaba implícito todo lo que no se atrevía a decir, al menos eso era lo que yo sentía: "Ahora estamos juntos, ahora te quiero, ¿cómo nos podemos querer tanto? ¿Y si me muero? No lo voy a decir, pero es probable que me muera. Te quiero. Nunca antes he querido así. Eres maravillosa, ¡Qué milagro estar juntos! Tengo miedo. Gracias por estar ahí. Sigue mirándome". Sus ojos eran espejos de los míos, por eso intuyo que pensaba eso, porque era eso lo que yo pensaba pero con otras palabras: "Te quiero. Ahora estamos juntos. Por favor, no te mueras. No lo voy a decir, pero te puedes morir y temo que si lo digo, se haga realidad. Te quiero. ¡Qué suerte estar juntos! Siento mucho tu sufrimiento, te pido perdón porque gracias a él he descubierto lo mucho que puedo amar. Perdóname por tener que vivir este sufrimiento para que yo pueda sentir algo tan bello. Te quiero. Ahora estamos juntos. Sigue mirándome, siempre".

Acurrucarse

Fue perdiendo la sensibilidad en las manos y en los pies, primero era un cosquilleo y después, poco a poco, le era difícil moverlos, sobre todo el brazo derecho. Estaba recostado en el sofá, yo estaba en el sillón y los dos mirando la tele. Entonces me miraba, se incorporaba y decía:
-No sé cuánto voy a aguantar pero ven aquí, conmigo.- Con su mano izquierda se señalaba la axila derecha, indicándome que me acurrucase bajo su brazo, se ayudaba entonces con la mano izquierda para levantar el brazo derecho, y yo me metía dentro de ese nido que me hacía sentir en casa.

Sopa de Cebolla

Nunca me he sentido tan mimada en la vida como estando con Cris. Éramos un equipo, pero siempre trataba de que no me faltase nada, no me daba tiempo a que se me antojasen las cosas. Se tiraba horas en la cocina preparando comidas ricas, tomándose su tiempo, como cuando acariciaba. Dejó de trabajar, mientras que yo tuve la suerte de encontrar un trabajo a media jornada que me daba la oportunidad de estar con él y de tener un espacio para mí al mismo tiempo, permitiéndome estar a su lado con ganas, animada, con fuerza y con energía. Los primeros meses él estaba bien, hacía la compra y cocinaba, realmente era él quien me cuidaba a mí. Cada cual cumplía su parte del trato: mientras él pudiese hacer sus cosas, las haría, tardase más o menos, mejor o peor, pero las haría; y yo quería que fuese consciente de que no estaba sólo, de que yo estaba para el momento en el que no se viese capaz. Así, cuando llegó mi parte del trato, poco a poco, la que empezó a mimarlo fui yo.

Quizá porque empezaba a adelgazar, quizá porque le empezaban a faltar las fuerzas, quizá porque le suponía mucha dificultad comer; la comida se convirtió en una preocupación. Al principio él se hacía platos altamente calóricos porque quería engordar, pero su propio cuerpo no los toleraba. Despertar su apetito y que no se agobiase con todo aquello fue mi cometido. Llenaba la casa de alimentos fáciles de comer, y apetecibles. Yogures, frutas, batidos, sopas... Cada vez que iba a la cocina traía algo para comerme en su presencia, por ver si a él le apetecía, y a veces conseguía compartir con él lo que llevase en ese momento. Ni qué decir tiene que en esa época engordé bastante, pero no me importaba con tal de verle comer, por poco que fuera. Había veces en que debido a la mucositis (un efecto secundario de la quimio) todo el tracto intestinal se le llenaba de llagas, y comer entonces se convertía en una auténtica tortura. Se podía apreciar exactamente por dónde iba el bolo alimenticio, porque le dolía y no podía evitar quejarse. Lo maravilloso para mí era que él cogía otra cucharada y se la metía en la boca, con lágrimas en los ojos de la rabia… y tragaba. A veces me decía que lo peor de todo es que tenía hambre. Sé que ese esfuerzo lo hacía porque quería ganar la batalla, porque deseaba seguir vivo, por nosotros, por su niña. Como se puede entender, tardaba más de una hora en comerse un pequeño plato, pero era mejor que estuviese solo, a su ritmo, sin presiones.

Una tarde de sábado, estaba acostado en la cama. Saqué la receta de la sopa de cebolla al estilo francés. Unos días antes me había dicho que le apetecía y las sopas eran de esa clase de comida que podía comer con más facilidad. Esa tarde decidí que no tenía que hacer nada en casa, y fui a acostarme a su lado. Hablamos y nos reímos. Conversamos sobre temas triviales, no nos acordábamos ni de la enfermedad, ni del drama, sólo hablábamos, nos reíamos y nos sentíamos contentos de estar juntos. Estuvimos un par de horas así. Luego le hice la sopa de cebolla y se la puse en la mesa auxiliar para que poco a poco se la comiese sin presión mientras yo me fui a ver la tele. Al poco escuché un ruido en el pasillo. Era él, apoyándose en las paredes, muy agobiado, llevándose las manos al pecho, diciéndome que no podía respirar. Hice que se sentase en el sofá y llamé a la ambulancia. En cinco minutos estábamos camino del hospital. Yo sentada en la parte de la cabina y Cris con el auxiliar que le administraba el oxígeno. Cuando por fin lo estabilizaron y lo llevaron a planta, nos miramos y con sorpresa nos dimos cuenta de que los dos pensábamos lo mismo. Qué tarde más maravillosa habíamos pasado juntos, conscientes de que podía haber sido la última.

Llámalo Equis

Que un hombre joven desee poder ser autónomo es totalmente normal. Cristóbal, además, desde que lo conocí, tenía un cierto apuro por no causar molestias. Educadamente siempre pedía las cosas por favor, incluso las más nimias: "¿No te importaría ponerme crema en la espalda?.... ¿De verdad que me vas a hacer un masaje?.... ¿Quieres que ponga música?" No solía pedir cosas y siempre se ofrecía para ayudarme en las mías antes de saber que necesitaba ayuda. Sí, fui una niña mimada, totalmente mimada. Yo por mi parte me reía de tanta educación, de esa manera dulce y tierna de decir las cosas. Él era el cuidador y yo la compañera. Por esa razón a él le resultó especialmente duro cuando la enfermedad supuso su deterioro físico. Me decía que el dolor era sólo dolor, que no le importaría sentir ese dolor si tuviese 80 años, pero que no entendía por qué lo tenía que vivir con tan sólo 42.

Las cosas más cotidianas de la casa se empezaron a convertir en cimas de montañas rocosas. Una de ellas fue la ducha. Levantar una pierna y aguantar unos segundos su peso en la otra se convirtió prácticamente en misión imposible. Luego aguantar de pie dentro mientras se enjabonaba, un martirio. Así que, después de dos días sin ducharse, nos miramos y me contó su problema. Yo lo sabía, pero siempre fui muy respetuosa con su forma de enfrentarse a los inconvenientes. Cuando lo compartió conmigo me sentí sumamente agradecida, sé lo difícil que era para él hablar de su incapacidad para cuidarse a sí mismo. Le miré a los ojos, de esa manera tan dulce con la que él me había enseñado a mirar, y le conté cómo pensaba asearle yo a partir de ese momento.

No sé muy bien cómo explicar la sensación tan bonita que supone cuidar al ser amado cuando está sufriendo, ver que ese dolor que no puede quitar la morfina de repente queda aliviado con sólo una caricia. Son de esas cosas que hay que vivir para entenderlas. Hay dos maneras de cuidar a una persona, por deber o por amor. La que viví con Cris fue la segunda. Cuidarlo, aliviar su sufrimiento, se convirtió para mí en todo un privilegio. Saber que su mano me buscaba, a mí, es una de las emociones que atesoro como el bien más precioso.

Esa noche lo preparé todo para que el hecho de asearle le supusiese el mínimo trauma posible. Estaba nerviosa, como si fuese una primera cita. Cambié las sábanas de la cama, sobre ellas coloqué una toalla grande y dejé preparado un pijama limpio. Él temblaba y lo ayudé a acostarse. Preparé dos cubos con agua caliente, uno para enjabonar y el otro para aclarar. Suavemente lo ayudé a sentarse para quitarle la parte superior del pijama y, con una delicadeza en la que no me reconocía, comencé a enjabonarle con la esponja esa piel que estaba pegada a sus huesos. Era la primera vez en varias semanas que me permitía verlo desnudo. Nunca había visto a nadie así, esa delgadez extrema, salvo en documentales sobre campos de exterminio. La debilidad humana encarnada en una persona, mi marido. Yo sonreía y el corazón me latía cada vez más fuerte. No era tristeza, en absoluto era tristeza. Hago el esfuerzo de tratar de conectar con ese momento para describir una emoción que jamás había sentido antes. Creo que lo que sentí fue el amor en estado puro experimentado a través de mí. El punto de atención se iba concretando cada vez más. Primero era Cristóbal, luego hombre, luego brazo, codo, poros, átomos... El cuidado que puse en aliviar el sufrimiento en ese sentido, de un modo tan minucioso, nunca lo había hecho antes. Cuando terminé la parte superior, le puse el jersey del pijama y lo tapé para que no temblase tanto. Luego le quité el pantalón y comencé a enjabonarlo. En un segundo se me vino a la cabeza su madre, su madre que lo limpiaba siendo niño, y yo ya no era yo, yo era su madre, su mujer, su compañera, yo era él mismo que sé que hubiese hecho exactamente lo que yo estaba haciendo, de la manera en la que yo lo hacía, si los papeles en esta obra de teatro hubiesen estado cambiados. Al mirarle ya no veía a Cris, veía al hijo, al padre, al esposo, a la humanidad entera que sufría, a mí misma en él. Fue entonces cuando algo maravilloso pasó: todo era turbio, los límites que definían las formas de las cosas empezaron a desvanecerse, sentí un calor que me atravesaba e iba hacia Cris, y nos unía de una manera extraña, pero muy bonita. Realmente había densidad en esa especie de energía que nos atravesaba y envolvía. No sé si fue un segundo el tiempo que estuve metida ahí, no debió de ser mucho porque el agua todavía estaba caliente. Cuando volví a poner límites entre

Cris y yo, lo miré. Estaba llorando. Pensé que era por la vergüenza de tener que ser aseado por otra persona, de no valerse por sí mismo en algo tan básico. Lo abracé con todo mi amor y le dije:

-Mi amor, no pasa nada, soy yo, tu mujer. No ves que a mí me encanta cuidarte, que disfruto cuidándote.- Y él me dijo:

-No lloro por eso. Lloro porque he visto hace sólo unos instantes, encima de mí, una nube y he tenido la impresión de que se me abrían las puertas del cielo.

13.- DE PROFESIONALES Y DE PERSONAS

Sirena
Cuando en el ruido de fondo, sirena,
doblaste mi cuerpo,
tu ondulante quejido vibrante
lleno de un aullido sólo
todo el asfalto en pena,
cemento o madera en fuego,
que no sé,
herido, o viajando en manos
de la mariposa muerte,
con sus alas batiendo
a cada aleteo un temblor
de estructuras roídas, en picado,
caída libre, hierros
derrumbados,
miserias de la ciudad no humana,
habitada de esclavos
metalizados.

Qué te dejaste. Qué nudos hiciste
de nuevo y en qué garganta
sonaste, sirena, más sincera.

Déjame, alejado,
quiero ser murmullo,

ruido de fondo que recobra su tiempo,

cadencia de triste gris

indiferente a todo,

monótona voz neumática

a la espera de tu siguiente giro,

de tu destierro próximo,

de tu chirrido cóncavo,

de tu témpano estallido,

de tu mordaz sentido

del silencio,

sirena,

calla,

no llores,

sirena,

calla.

(Cristóbal Sanmartín, *Sirena*)

Trato de imaginar qué lleva a una persona a hacerse médico. De hecho puedo recordar que en varios años de mi etapa adolescente deseaba ser médico. Esos señores respetados por todos por ese extraño poder que las batas blancas les otorgaban. Esos seres que sabían todo y podían salvar vidas. En esas ensoñaciones nunca imaginaba a personas que se me muriesen, o a las que ayudase a morir. Los motivos que conducen a una persona a ejercer la medicina pueden ser muchos: prestigio, poder, respeto, seguir la saga familiar, vocación... Si el éxito profesional de los médicos está relacionado con la idea de salvar vidas ¿qué motivo puede llevar a un médico a especializarse en oncología?

Los pacientes, dada la vulnerabilidad causada por la situación que atraviesan, a menudo pueden tener la sensación de que estos profesionales despersonalizan al ser humano que tienen delante; pueden sentirse víctimas de la ausencia de afecto, reducidos a números, enfermedades, estadísticas y, muy importante, desprovistos de ojos, ojos que hagan recordar que detrás de su enfermedad hay un alma. Especializarse, en estas circunstancias, en una rama de la medicina donde hay un mayor ratio de personas que no tienen buen pronóstico, no debe de ser fácil. Probablemente que Cris fuese joven y tuviese tantas ganas de vivir también pudo influirles. Pero aunque pueda entender que los oncólogos son personas que se protegen de esa alta exposición al sufrimiento humano, me encantaría que en el futuro esto cambiase, que otras personas que tengan que pasar por donde pasamos nosotros se sientan más acogidas por los profesionales que tratan su cáncer.

Quizá se nos podría llamar ilusos, pero lo cierto es que cuando fuimos a urgencias porque Cris estaba tan mal, después de una quimio que yo no le hubiese puesto nunca, realmente pensábamos que íbamos a salir de aquello. Logré comunicar con el hospital de día de oncología y que lo viesen al día siguiente, toda una proeza, y cuando le hicieron el análisis sanguíneo vino directamente el oncólogo a hablar conmigo. Me apartó un poco pero no salimos fuera del campo de visión de Cris. Interpreté las palabras del médico y entendí que se le había ido la mano cuando me dijo que al ponerle una quimio tan flojita no pensaba que le iba a afectar tanto, pero que me tenía que preparar para lo que fuese si no mejoraba esa semana. No sé cómo ese médico no me llevó a otro lugar, cómo me dio la noticia sabiendo que tenía a Cris detrás de mí, ni sé cómo tuve fuerzas para volverme con una sonrisa acercándome a él:

-Dime la verdad, ¿qué te ha dicho?

-Cariño, lo que ya sabemos, que estás mal y que esta semana va a ser muy dura.

Los especialistas que trabajan en la sanidad han de ser profesionales, pero no deberían olvidar que tratan con personas. Tampoco olvido que ellos también lo son y que estar rodeado a diario del sufrimiento es duro. Aun así, los pacientes no son cosas, no son números, son historias, padres, madres, hijos, parejas… Son personas que se enfrentan a miles de dudas, a miedos, a grandes cambios. Y en muchos casos pueden ser grandes maestros de cómo hacer el tránsito hacia ese último viaje. Pero para eso se ha de tener el valor de mirarles a los ojos y de preguntarles cómo se sienten sin miedo a la respuesta.

Tiempo después hice un curso universitario sobre *counselling* y salud. Iba dirigido a personal sanitario y a psicólogos. Ni un solo médico, enfermera o auxiliar de clínica vino a hacerlo. Atender bien a un paciente no es sólo encontrar lo que tiene y tratarlo, el mejor médico no es el que está al día de las últimas innovaciones o ha participado en más ensayos clínicos, el mejor médico es aquel que sabe tratar a sus pacientes. Porque los pacientes son algo más que la enfermedad que puedan padecer. Está estudiado que son los especialistas que empezaron a ejercer con más ideales quienes, al constatar que la realidad era diferente a lo que imaginaban, se desmotivan con más facilidad. Por todo ello reivindico que los médicos se formen en el trato a los pacientes, que soliciten psicólogos en sus equipos médicos, que aprendan a desarrollar habilidades emocionales porque, de lo contrario, su trabajo puede acarrear un sufrimiento añadido en la vida de muchas personas.

14.- NO SE ELIGE LA MANERA DE MORIR

Que se te murieron hijos
y un marido en la guerra.
Muerte, hambre, muerte, pobre.
Ni una queja.
Mujer maga, mujer risa.
Mujer madre, mujer tierra.

Nací y, antes, moriste.
Sin embargo te conozco,
mujer leyenda.
Sin tener nada eras todo.
Mujer valiente, madre, esposa
y lavandera.
Luto en tus ropas,
blanco tu pelo.
Dos pares de gafas viejas.
En caja de hojalata,
labores medio hechas,
pendientes de latón,
alianzas de pesares,
y leche de almendras.

Mujer joven que murió vieja,
con la sonrisa en el rostro,
con el alma de guerrera,

(Candela Escribá, *A mi abuela Iluminada*)

Mi abuela murió antes de que yo naciese. No se puede elegir la manera en que se muere, pero si se me concediera esa bendición, elegiría morir como lo hizo ella. El mismo día de su fallecimiento había limpiado la casa y atendido sus quehaceres diarios. Su marido, su segundo marido, le preguntó por qué suspiraba tan fuerte; ella le respondió que estaba cansada y que se iba a acostar. De esa noche nunca despertó, se quedó un día más en la cama y murió con una sonrisa en los labios según cuentan los que la vieron.

No conocí a mi abuela, sin embargo tengo un recuerdo tan vivo de ella, alimentado por el amor filial de mi padre, que es como si siempre hubiese estado allí y su experiencia de vida se ha convertido en un punto de referencia para la mía. ¿Es objetiva la imagen que tengo de ella? Imagino que no, pero ¿cómo hacer que la subjetividad no intervenga en nuestros juicios de valor sobre los demás? Lo importante de ella no fue la manera de morir sino la forma en que vivió. Con treinta y pocos años, ya tenía tres hijos vivos de cinco nacidos y había pasado por una guerra. Cuando el más pequeño de sus hijos (mi padre) tenía un año, se quedó viuda. Tenía tan poco que ni pudo enterrar a mi abuelo, su cuerpo acabó en una fosa común. Aun así, esta mujer encontró fuerzas donde nadie las encontraría y, en lugar de rendirse, siguió viviendo, buscando lo bueno donde otros sólo veían lo malo, apoyándose en su sentido de humor para seguir adelante. Por eso, cuando tengo algún momento difícil en mi vida, me acuerdo de ella e invoco sus genes para seguir caminando, porque si ella pudo, yo también puedo.

Parece increíble, pero esa invocación ha hecho que más de una vez me mantenga en pie y que mire la vida de frente, sin achantarme en uno de los momentos más duros que jamás imaginase vivir. Uno no puede elegir la manera, el lugar o el momento en el que se va a morir, pero mientras llega ese momento tenemos dos opciones de existencia entre las que sí podemos elegir: o bien vivimos con miedo, esperando el momento de la muerte, dejando que pase el tiempo, y a eso yo no lo puedo llamar vida; o bien, mientras llega ese momento, podemos elegir vivir plenamente aceptando nuestros condicionantes y los acontecimientos, buenos y malos, que ocurren mientras tanto. Mi abuela eligió vivir, y yo, poco a poco, también opto por esta elección.

Es probable que alguien diga que esa vida, llena de sufrimiento y sinsabores, no mereció la pena de ser vivida.

Para mí, ella tomó la vida como le vino, y todo lo negativo lo convirtió en luz, por algo se llamaba Iluminada. Quizá uno no pueda elegir cómo morir, pero a ella se le regaló una muerte dulce, probablemente para compensarla de una vida tan llena de momentos amargos. No sé si de haber compartido existencia en algún momento de nuestras vidas la habría llamado abuela, yaya o cualquier otro nombre cariñoso. Nuestra relación no fue así, pero sé que está cerca, disfrutando de lo que consiguió en vida, porque el amor es eterno y eso fue lo que dio a quien la rodeó. Quien la recuerda, la ama.

La muerte nos une y nos diferencia. A todos nos llega, pero el misterio es el modo, cómo será, cuál va a ser nuestro último capítulo de la historia que protagonizamos. En el momento en que Cristóbal aceptó la muerte como un inevitable alivio, en el momento en que, a pesar de sus ganas de vida, le fue más placentero dejarse ir de ese cuerpo-cárcel que permanecer en él, en ese momento me dio mensajes para todos aquellos a los que ya no podría hablar. Eso fue un lunes. Me dijo que no quería enterarse de nada, que lo durmiesen y que, por favor, no se le prolongase artificialmente la vida. Muy a mi pesar, transmití su súplica a los médicos. Él lo tenía claro, a mí me costó más aceptarlo, pero como siempre respeté profundamente su decisión. También lo vi pelear y luchar por mantenerse con vida. Generalmente no apreciamos lo que puede costar comer o respirar, lo solemos dar por hecho, pero no, en esta vida no se debería dar nada por sentado. Hay tantas cosas que deberíamos valorar y agradecer y a las que no damos importancia.

Estuvo rodeado esa semana de mucho amor, y también de personas que tenían que estar para que se diese la oportunidad de hacer las paces. Estuve ahí, acompañándolo, cumpliendo la promesa que le hice cuando le diagnosticaron el adenocarcinoma pulmonar. En esa semana sólo dejé de estar cuando me relevaban en su cuidado para poder ducharme o descansar un poco, antes de volver a su lado. Me dijo que en su nombre pidiese perdón a cualquier persona que hubiese conocido en el caso de haberle hecho algún daño, que por su parte quedaba perdonado todo. En esa habitación de hospital redecorada con fotos y dibujos de su niña se respiraba aceptación hacia lo que venía y hacia lo que había sido. Hacia las personas que lo acompañábamos y hacia las personas que lo esperaban y a quienes él parecía ver.

Dudo en contar el suplicio que vivió el cuerpo de Cristóbal, no deseo narrar su agonía de manera gratuita, pero al mismo tiempo esa agonía es la que me ayudó a entender que a pesar de sus ganas de estar conmigo y con su niña, a pesar de tanto amor y de tanta vida, sucumbiese al sufrimiento y se dejase ir, de esa manera tan dura. Uno no elige la manera en que muere, pero la muerte es parte de la vida, y a veces ocurre así.

Cristóbal ya no podía más, su cuerpo-cárcel le fallaba por todas partes, su médula no producía sangre, no tenía defensas ni plaquetas. El sábado comenzó con una hemorragia nasal que le duró hasta el lunes por la tarde. Ni siquiera las transfusiones de plaquetas lo ayudaron con la hemorragia. Los enfermeros le taponaron las fosas nasales y el coágulo le llegaba hasta la garganta. La única manera de sacarlo era por la boca, por donde también debía respirar. A la vez la boca estaba llena de llagas, de ahí que no pudiese hablar bien, y sólo podía sentir alivio con enjuagues de anestesia cuyo efecto se pasaba cada media hora.

El sábado por la noche fue el único día en que no estuve a su lado, se quedó en ese momento su padre. Yo estaba muy cansada y me vino bien ir a casa, pero a las doce de la noche me llamó. Me pedía un espray nasal porque, según él, los enfermeros no querían ayudarlo. Empezó ahí con las alucinaciones, su padre me dijo que no me preocupase y que descansase porque había estado toda la semana a su lado, que esa noche se quedaba él. A las 6 de la mañana me volvió a llamar, exaltado, algo le estaba pasando y su padre no lo entendía. Su padre, en ese momento, estaba más excitado que él, así que fui rápidamente al hospital. Su padre estaba muy asustado y Cris no podía hacerse entender. Entonces empecé a escucharle. Lo que me comentó es algo con lo que sólo puede alucinar un amante de Borges. Me dijo que en su cerebro se había ido a otro momento cuando trataba de abrocharse un botón del pijama, que había ido a muchas vidas al mismo tiempo, que había torres de vigilancia temporales y que él no se había enganchado bien al momento que le tocaba vivir, iba como cinco minutos adelantado. Que se lo tenía que decir a los médicos. Yo asentí, le dije que me lo explicase bien mientras tomaba notas. Cuando se tranquilizó apenas, le dije:

-¿Te toco la barriga y descansas un poco?

Me miró sorprendido y me dijo que sí. Me acurruqué junto a él y no tardó ni un minuto en quedarse dormido. Y es que las caricias llegan donde no llega la morfina. El padre no pudo resistirlo y se fue asustado, no sabía cómo actuar. Sólo dijo:

- Hay que ver cómo te quiere, no ha parado en toda la noche, no había forma de calmarlo, y tú en nada de tiempo lo has dejado dormido.

Tengo que decir que me gustó que se reconociese ese amor mutuo. De vez en cuando despertaba y me pedía que añadiera cosas a la lista de alucinaciones de la libreta, e incluso añadió cosas que no sabía cómo hacerme entender. Ya por la tarde se dio cuenta de que estaba delirando, y se asustó. Me miró con mucho miedo y me dijo:

- Cariño, creo que me he vuelto loco.

Traté de hacerle entender que era cosa de la morfina, pero estaba demasiado asustado

-Cariño, estoy loco y esto es un problema. ¿Cómo vamos a vivir juntos si estoy loco? ¿Y si sin darme cuenta en mi locura te hago daño? Yo no quiero hacerte daño.

Tomé su cara entre mis manos, como solía hacer cuando quería que sólo se centrase en mí, y le dije:

- Mira, mi amor, esto que te está pasando es cosa de la medicación, de la morfina, no te estás volviendo loco, son delirios. Pero aún aceptando que estuvieses loco, tú no podrías hacerme daño aunque quisieses. En todo caso te convertirías en un loco maravilloso.

Dicho esto cambió su mirada:

-¿Un loco maravilloso? ¿Cómo el de la película "Shine"?

-Sí cariño, como el de la película "Shine".- Entonces Cris quedó conforme, no le parecía tan mal volverse loco si se parecía a aquél.

Podría hablar ahora de toda su agonía, de las llagas o de la mucositis en todo su tracto gastrointestinal, de los dolores en el pecho, de cómo se hinchó por el hecho de que los riñones ya no respondían, del estreñimiento producido por la morfina, de la sonda que le pusieron porque no podía orinar. Podría describir cada uno de estos síntomas, la mayoría producidos por la quimio, pero sólo los menciono. ¿Por qué cuento todo esto? ¿Por qué comparto estos recuerdos tan duros? Soy la primera en sentir cierto reparo en escribirlo, pero al mismo tiempo es lo único que explica que una persona con tantas ganas de vivir se dejase ir de ese cuerpo-cárcel. Sólo ese gran sufrimiento nos convenció a los dos de que era el momento de separarnos. Luchó con todas sus fuerzas, fui su testigo. Sin embargo no lo veía tan mal, el hecho de estar en todo momento con él me hizo acostumbrarme a su deterioro físico, y sólo era consciente del estado real de mi marido cuando observaba la mirada de la gente que nos visitaba. Hasta los enfermeros se impresionaban al verlo. En lo más profundo de mi alma albergaba la esperanza de que Cristóbal al final mejoraría, no me importaba que no estuviese bien del todo, siempre y cuando pudiésemos estar juntos. Yo seguiría disfrutando, cuidándolo como hasta la fecha. Pero eso sólo era mi puro egoísmo, y Cristóbal necesitaba dejar ese cuerpo.

El día en que se marchó, el día de su tránsito hacia ese otro plano que no vemos los que todavía poseemos nuestros respectivos cuerpos físicos, esos cuerpos que nos limitan y definen, ese día estuve con él. Le estuve cantando nanas, le estuve dando besos, le di permiso para irse, le dije que no se preocupase por mí, que yo estaría bien, que lo había hecho todo lo mejor que había sabido, y que no se dejaba nada pendiente. Le dije que se dejase ir, poco a poco, que su madre lo estaba esperando. También le pedí que me esperase cuando me llegase mi hora, que me esperase en una limusina blanca porque yo tenía muy mal sentido de la orientación y podría perderme camino del cielo. La habitación empezó a llenarse de gente, personas que lo querían y otras que debían simplemente estar presentes.

Sintiendo que se había quedado dormido, pensando en que todavía nos quedaba la noche, y sabiendo que no estaba solo, dejé de guardia a su mejor amigo, la única persona con la que me sentía tranquila si lo dejaba un par de horas. Si este amigo no hubiese estado no me habría ido, aunque la habitación estuviese llena de gente. Me fui cuando sentí que él no estaba en la habitación, cuando ese cuerpo seguía respirando pero no apreciaba consciencia suya en él. Algo dentro de mí me decía que Cris no quería que yo viese su agonía final, de hecho me había pedido que no lo recordase de esa manera en la que había quedado al final de esa vida, así que es muy probable que aprovechase mi salida para salir él también de su cuerpo. Me quería tanto que no podía dejar su cuerpo si yo estaba delante. Lo curioso es que se fue rodeado por muchas de las personas que le hicieron sufrir en vida, por esas personas que en momentos importantes de su existencia le habían hecho sentir el desprecio y la incomprensión. Quizá ese sufrimiento que él en su día y por orgullo no manifestó delante de ellos, se plasmaba de repente en la humildad de esa terrible agonía de la que fueron testigos y, de esa manera, por fin, podía irse en paz, como así fue.

Volví a esa habitación instantes después de que él dejase de respirar, y lo que vi fue un cuerpo-cárcel sin vida que besé en la frente aún caliente, mientras su alma bailaba libre alrededor de mí.

15.- CÁSCARA Y ALMA

A veces los patos, créanme,
adivinan la muerte
en sospechosa forma de cilindro,
arrojada por un par de botas
divertidas, quitando vida.
Si se dejan morir
no es más que por antojo,
dejan a un lado la vida,
esparciendo al aire
millares de plumas inciertas.

Ellos, los patos,
saben que algún día
este compadre o el otro
levará sus áncoras
en una infinita flecha,
dirección al sur
(que para sus picos
representa el trazado imaginario de un ángel).
En ese momento tan tierno,
esperado desde que fueran
proyectos de ánade,
o principios de cáscara de huevo,
o cópula o deseo en la intermitencia de unas alas
todavía pegadas al suelo,
en ese momento, decía, la bandada se eleva
como el deseo puro de un niño,

formando la misma flecha en el aire
que ahora veo pasar, tan terráqueo,
con mis pobres patas de no pato,
sin membranas impermeables
ni pico firme para quebrar
el hielo imaginario
de mi Antártida.

Pero sabéis que el cuerpo
no es más que cáscara del alma,
así que lo dejo todo bien ordenado,
en una maleta gris
un pelín ajada,
despliego también mis áncoras
(oxidadas por el salitre,
mucho tiempo al pairo,
pero recogidas de nuevo
para navegar),
buscando primaveras más amables,
y os dejo a todos un saludo
de despedida,
como un cielo del sur.
Guárdenme, si gustan, un hueco.
Y píntenlo de azul.
De azul marino, por supuesto.

(Cristóbal Sanmartín, *Cuento en pena*)

Cuando la persona está inmersa en la creatividad puede llegar a un estado en el que se olvida de sí misma para ser sólo creación. En ese estado puede conectar con un algo que la trasciende y desde donde aparecen joyas como este poema escrito por Cris. Tiempo después entendí que era una despedida escrita mucho antes de que él fuera consciente de que se iba a ir.

Al transitar por el camino del duelo, lo primero con lo que sueles encontrarte es con la conmoción ante el sinsentido de que esa persona que considerabas tan parte de ti como tú misma ya no va a estar. Yo estaba muy cansada, hacía dos días enteros que no dormía, y ver ese cuerpo sin vida no me producía tristeza porque no podía identificar a mi marido con él. Miraba esos brazos, esas manos que me habían acariciado tan bien y que no reconocía. Ese rostro inerte, sin emoción, sin nada que me recordase a esa persona que tanto había amado.

Normalmente, cuando fallece alguien se celebra un funeral bajo un rito religioso. Sin embargo le hablé a su padre diciéndole que si quería una misa la pidiese, pero que Cris no creía en la institución de la iglesia, que para él no sería necesario. Dispusimos que todo fuese sencillo y que incinerasen su cuerpo. El día que estuvimos en el tanatorio fue un día largo, pero la noche previa lo fue más. Llevaba dos días sin dormir y esa noche sería la tercera. Debo agradecer a mis amigas que estuviesen allí conmigo, sobre todo aquélla que hizo vigilia a mi lado. Sin ellas ese día hubiese sido diferente. Ellas me animaron. Me sentí acompañada, realmente acompañada y eso no siempre pasa en esos instares.

Cada vez que miraba el escaparate donde exponen a los difuntos en los tanatorios y miraba ese cuerpo, sentía que me sacaban de la habitación, que Cris no quería que estuviese mirando aquello. Quizá esa sensación estuviese relacionada con algo que me pidió en su última semana de vida y eso fue que no lo recordase demacrado, por eso sé que mucho menos querría que lo recordase muerto. El día en que falleció, antes de llegar al hospital para encontrarme su cuerpo sin vida, una amiga muy sensible e intuitiva digna de todo mi crédito (yo sé por qué y ella también) me llamó. Me contó que esa tarde había practicado una meditación en la que de pronto había visualizado intensamente la imagen de Cris, quien quería que me hiciese saber que, aunque siguiese respirando, ya no estaba en ese cuerpo, sino al lado de su madre y que estaba bien. En un principio ella no quería llamarme, no consideraba que fuese el momento oportuno pero, me decía, él necesitaba que yo lo supiese. Me acababa de duchar cuando mi amiga me había llamado y me disponía a vestirme para ir al hospital tras colgar el teléfono cuando volvió a sonar: el amigo de Cris me decía desde el hospital que me diese prisa porque todo estaba yendo más rápido de lo que creíamos. Cuando llegué hacía escasos minutos que Cris había exhalado su último aliento. Tengo la certeza de que Cris quería que yo supiese que todo había ido como habíamos planeado, que estaba con su madre, y que ya descansaba por fin de tanto sufrimiento.

Saber que Cris estaba bien, feliz, hacía que me sintiese tranquila y contenta. Al mismo tiempo, otra sensación me embargaba, la extrañeza de ver ese cuerpo que ya no era él, de que lo que yo conocía de él ya nunca sería. Recuerdo todo aquello como si lo hubiese vivido otra persona, como si lo hubiese vivido desde fuera, y al mismo tiempo fue una sensación intensa. Agradezco a las personas que vinieron y que me apoyaron. Hubo muchas que no esperaba. De todas maneras ese acto no era mi despedida, la despedida que quería hacerle era personal y de corazón. Pero me vino bien ese día porque pude cerciorarme de que Cris ya no estaba en ese cuerpo. Al mismo tiempo tuve la certeza de que había un algo más allá de ese cuerpo, porque podía sentirlo, de alguna manera lo sentía cerca de mí y esa sensación no resultaba triste.

Muchos de los que vinieron se sorprendieron porque apenas lloré, sólo en un par de ocasiones lo hice y no fue de pena, sino de rabia hacia ciertas actitudes de gente cercana a Cris.

Me ayudó y mucho la visita de la amiga que me había llamado, capaz de ver lo que otros no podían ver. Ella lo percibía y me confirmaba que Cris estaba bien, que había hecho el tránsito con mucha consciencia, que estaba con su madre. Me contó de actitudes y bromas que estaba protagonizando en ese lado donde ahora transitaba y nada de lo que me dijo me resultó extraño. Ella sonreía porque, más que triste o afligido, percibía a Cris interesado por las cosas que podía hacer en ese nuevo estado, como poder bailar. Conociéndolo como lo conocía, no me extrañaba nada esa actitud de niño de ojos abiertos al que todo le llamaba la atención, explorando todas las posibilidades de ese nuevo estado de conciencia. Hizo bromas que sólo entendía yo, y que después le tenía que explicar a mi amiga. En ese tanatorio, la viuda de vez en cuando se reía y la gente miraba extrañada. Supongo que di pie a más de un comentario, pero a mí me importaba que Cris me sintiese fuerte, como le había prometido tres días antes.

Su hija llegaba aquella misma noche de un viaje que había hecho con la escuela y no sabía nada. La madre le dio la noticia cuando volvió. Por la noche le dije que me gustaría dormir con la niña y accedió. Saber que estaba con la otra persona del mundo más querida por Cristóbal llenó de sentido aquel día. Aquel abrazo que me dio su niña nada más verme me acompañará el resto de mi vida.

16.- LUGARES SAGRADOS

Charco de agua quieta.
Las estrellas se reflejan:
Espejismos del pasado.

(Cristóbal Sanmartín, *Haiku)*

Existen lugares donde conectas contigo misma, donde se siente la sencillez y, al mismo tiempo, el gran milagro que significa estar viva. Lugares donde una se siente unida a todo, donde se hace uno con todo. Para mí uno de esos lugares es Turballos, un pueblecito habitado por una comunidad de inspiración cristiana abierta a cualquier creencia o persona que respete sus valores.

Había estado allí por primera vez en un retiro de tres días con mi profesor de yoga hacía algunos años. Reacia a todo lo que tuviese que ver con la tradición católica, había ido descubriendo aquel lugar guiada por prejuicios fruto de experiencias anteriores. Cualquier cosa que exhibiese el estandarte del cristianismo me resultaba sospechosa de hipocresía, de instrumento de control social ejercido por un poder que pretendía perpetuarse a través de unos valores que me parecían desfasados. Sin embargo, lo que vi allí se parecía mucho a lo que había leído en mi reciente aproximación a otras corrientes espirituales como el budismo o el hinduismo.

Aquel lugar había estado en ruinas 40 años atrás, pero el padre Vicent y un grupo de personas que compartían su filosofía lo habían transformado. Aprovechando las piedras caídas habían levantado algunas casas y restaurado la pequeña iglesia, decididos a hacer realidad su utopía. Siguiendo a Gandhi y a San Francisco de Asís, la no violencia y la hermandad son dos de los valores que priman en Turballos. Conscientes en todo momento de lo que se necesita, sus habitantes son ecologistas y vegetarianos, coherentes con el profundo amor que sienten hacia la naturaleza, hacia la vida. Practican una economía autosuficiente, comen lo que producen, utilizan energía solar, y quienes se hospedan en su albergue contribuyen con una aportación voluntaria, ya que no hay un precio establecido.

Hasta las piedras de los edificios se muestran sin cubrir en Turballos, porque para el padre Vicent cubrirlas significaría matar la vida que late en ellas. Muchas anécdotas colecciono de la manera en que este hombre respeta cualquier ser vivo que lo rodea. No hay lujos, excepto el de ser conscientes de lo poco que se necesita para poder vivir. Allí el tiempo transcurre de manera diferente a como lo hace en los relojes. Tres días pasan rápido pero al mismo tiempo son eternos. No sé, es como si de repente, en un mundo en el que Dios parece ocultarse y donde lo más razonable es llegar a dudar de su existencia, hubiese un espacio donde se manifestase de tal manera que te hiciese guiñarle un ojo diciéndole "¿Así que aquí te escondías?", mientras sientes cómo te sonríe.

Supongo que estos sitios sagrados varían con la persona, y lo que yo siento en ese lugar otro lo sentirá en grandes catedrales o, como le sucedía a Cris, durmiendo en la montaña mirando las estrellas. Lo único que sé es que tener un lugar sagrado adonde ir a reposar en ciertos momentos es una necesidad para mí, un punto de referencia para mi vida. Porque aunque no sé si podría vivir allí, sí que me sirve como respuesta a aquellos escépticos que dicen que la vida es de una manera y no se puede salir de las normas establecidas, que las cosas son como son y hay que amoldarse a ellas. Yo tengo el ejemplo vivo de que hay personas que cumplen sus sueños, sueños que nada tienen que ver con almacenar cosas, acumular dinero o mirar por encima del hombro.

Cris falleció en abril, en plena primavera. Una semana después se celebraba la Semana Santa. Mi profesor de yoga y amigo, Ángel, me dijo en el tanatorio que probablemente iba a pasar esos días en Turballos y, de repente, me pareció que aquél era un buen lugar adonde ir, pues quería estar tranquila.

La Semana Santa se vive en Turballos con pleno sentido. Después de la cena del jueves se celebra una misa que termina en un vía crucis por la montaña. A partir de ese momento comienzan el ayuno y el silencio hasta el sábado. El principio de la no violencia hace que no sea obligatorio cumplirlos, pero sí se pide no molestar a quienes desean respetarlos. Las misas son diferentes a ninguna otra en que yo haya estado. Primero porque ya la propia iglesia invita a un recogimiento, a un estado meditativo, como en pocos lugares he encontrado. Se hace un pequeño círculo ante la mesita de madera que cumple la función de altar y, desde allí, se leen los evangelios, dando lugar al debate. El momento de la eucaristía es emocionante porque realmente se siente la comunión con todo y todos. Recuerdo mi primera eucaristía allí después de muchos años, cuando realmente sentí la necesidad de recibir la Comunión y la emoción con que tomé aquel trocito de pan de elaboración casera.

Aunque mi intención no fue sumergirme en lo espiritual de esas fechas, sino estar tranquila procesando todo lo ocurrido, hubo un momento en que supe que celebrar esos días allí era un regalo para poder hacerlo. Sentí entonces que la vida en toda su inmensidad me estaba mimando, dándome la oportunidad de vivenciar desde la emoción y el corazón algo imposible de comprender con la mente.

JUEVES SANTO: sobre el servicio al prójimo. No era la primera vez que había escuchado el evangelio donde Jesús hace el lavado de pies a sus discípulos. Yo podría haber escuchado este evangelio muchas veces, pero en aquella ocasión lo interpreté de una manera totalmente distinta. Una vez leído, se debatió sobre la importancia del servicio al prójimo, devolviéndome a la emoción vivida cuando cuidaba de Cris, ese amor tan grande que me sobrepasaba a mí misma, y haciéndome comprender como nunca antes, mientras lloraba y lloraba, que había experimentado un amor puro. Compartí mi emoción con todos los demás participantes y sus abrazos me consolaron. Hay momentos en que las palabras sirven para poco, pero los abrazos lo abarcan todo. Lloré, y en la calle llovía, por eso al terminar la misa no pudimos ir a hacer el vía crucis con los cirios hasta la montaña.

VIERNES SANTO: El Santo Entierro. Hablamos del sufrimiento y de la muerte como parte de la vida, como aquello que da un sentido último a nuestra existencia y hace soportable el dolor, y del sufrimiento de Jesús como condición necesaria de su naturaleza humana. Reviví así todo el padecimiento de Cris, especialmente al final de sus días, la dignidad que mostró no sólo al aceptarlo, sino también en su forma de morir. Todo ello lo convertía ante mis ojos en un maestro. Durante la ceremonia, un saco cubría la figura de madera de Jesús en la cruz. Mientras se hablaba del sufrimiento, poco a poco se le iba quitando el saco de encima. Finalmente lo descubrieron totalmente y se nos dio permiso para besarlo, lo que yo hice en la clavícula como había hecho tantas veces en la última semana de vida de Cris. En el exterior hacía un tiempo inestable, con una fina lluvia intermitente.

SÁBADO SANTO: Durante el día salió el sol, fue una bonita jornada para pasear. Me sentía alegre, la primavera desbordaba vida. En la misa se habló de la resurrección entendida, simple y llanamente, como la inexistencia de la muerte. Se habló de posibilidades, como la reencarnación. Pensé en cómo sentía a Cris tan vivo alrededor mío, a pesar de haber visto su cuerpo inerte delante de mí. Y con esta sensación de fiesta, nos fuimos a cenar, dando por concluidos el silencio y el ayuno de esos días. Incluso bebimos vino en la cena y bailamos. La lluvia había cesado fuera.

Viví todo aquello como un maravilloso regalo, una especie de resumen de lo que había vivido, una confirmación de que las cosas que nos tocan en suerte no son más que aprendizajes, como confirmación de que el amor que habíamos sentido los dos tenía un origen divino.

A quien esté leyendo estas páginas puede que le llame la atención mi referencia a Dios. Es posible que sienta escepticismo y rechazo al encontrar entre estas líneas una profunda creencia de que la vida sea más que lo que podemos ver, de que haya un fin último o la idea misma de la existencia de Dios. Y tal vez a quien comparta estas convicciones le resulte inaceptable la mención de Jesús y de la Iglesia católica. Por eso me gustaría matizar que una cosa es la religión y otra muy distinta la espiritualidad. La espiritualidad se puede encontrar dentro y fuera de las religiones, y dentro de las religiones puede que exista o no la espiritualidad. No me gusta etiquetarme y definirme como católica, budista, hinduista o seguidora de cualquier otra religión porque eso me limitaría, pero sí puedo decir que en muchos lugares donde se siguen esas doctrinas he podido sentir algo profundo y que mi alma se ha sentido en casa.

Cuando decidí escribir estas páginas lo hice con la intención de ser honesta y compartir mi experiencia acerca de las cosas que realmente me hicieron bien, primero en el acompañamiento de Cris y posteriormente en mi proceso de duelo. No pretendo convencer a nadie, ni siquiera digo que lo que creo sea La Verdad. Se trata simplemente de *mi* verdad. Es como hasta ahora he interpretado mi experiencia vital. Creo que compartir lo que me ha servido a mí en mi historia única puede ser útil para otros en sus propias historias únicas.

Todos interpretamos nuestro mundo a través de nuestros sentidos y de la idea que tenemos acerca de las cosas. Nuestros recuerdos son selectivos, cuando percibimos la realidad prestamos atención a ciertas cosas y otras las obviamos, no vemos el cuadro entero. Las creencias actúan sobre nosotros como filtros y a través de ellos interpretamos las percepciones obtenidas a través de los sentidos. Esas interpretaciones pueden ser totalmente distintas según lo que yo crea que percibo y es así como un mismo hecho puede ser visto de una manera totalmente diferente por diferentes personas. De esta manera las creencias no son ni verdaderas ni falsas, son útiles, neutras o inútiles según su forma de influir en nuestra vida.

Lo bueno de las creencias es que pueden ser cambiadas si lo deseamos, siempre y cuando no estemos sujetos a la necesidad de tener la razón y tengan un sentido para nosotros. De esa manera, practicando la escucha al otro sin la presión de tener que defender mi verdad, a veces podemos acercarnos a otros paradigmas de existencias que te pueden atraer y hacerte vibrar, que te resuenan como verdad. En mi experiencia, después de mucho tiempo considerándome atea y existencialista, defensora del positivismo y del pensamiento científico, completamente convencida de que la vida es esto que vemos y tocamos y de que todo termina cuando morimos, llegó un momento en el que sólo vi vacío a mi alrededor, no encontraba sentido a mi existencia y me sentía aburrida de la vida. Me sentía tan aburrida que me planteé lo siguiente: "Mi vida no es mi vida, sino lo que yo pienso que es mi vida. Niego con rotundidad la posibilidad de que la vida sea algo más de lo que percibo con los sentidos sin tener la certeza de ello. ¿Existe la posibilidad de que la vida sea algo más que esto? Y Si es así, ¿Por qué me niego a creer en la posibilidad de que exista la magia?"

Así, poco a poco, abrí la puerta a prestar, en principio, atención a las señales, a las casualidades, a esos sueños míos tan raros. Reales porque ocurrían pero que hasta entonces había omitido porque no respondían a una lógica racional. Luego vino a mi vida pensar en esa energía que nos trasciende despertando a la propia consciencia, para después admitir que esa energía pudiese ser lo que otros llamaban Dios. Empecé a escuchar cómo interpretaban esa búsqueda espiritual los otros y vi que realmente cuando llegamos a esa parte de la búsqueda espiritual huérfana de folclores, costumbres y tradiciones, hay algo muy parecido detrás, algo que aúna. Hoy por hoy siento que cada uno interpreta el gran misterio con su lenguaje particular, de la manera en que le puede dar nombre. Siento que ha habido seres como Buda y Jesús que han entendido de una manera única ese misterio, que trataron de trasmitir esa sabiduría a otros seres humanos, pero ellos no crearon sus religiones,

Cristo no era cristiano ni Buda budista, las religiones las crearon sus seguidores, no ellos.

Este viaje hacia mi búsqueda espiritual comenzó antes de conocer a Cris. Mis creencias me ayudaron mucho a aceptar y a dar un sentido a la enfermedad y posteriormente a la muerte. En ese lugar sagrado donde yo pasé mi primera Semana Santa sin Cristóbal sentía que se me estaba brindando la consciencia resumida de todo lo vivido. Y para mi proceso de duelo, entender que se me hiciese un regalo como éste desde un lugar que yo no conocía, y que detrás de ese regalo otra vez estuviese Cristóbal, me dio la fortaleza en la que me apoyé en momentos de flaqueza.

No digo que todo el mundo que pase por un duelo tenga que creer en una vida después de la muerte, pero es un momento propicio para revisar las propias creencias y replantearse el sentido de la vida. Todo el mundo cree en algo, no creer es en sí una creencia, pero lo que uno cree conforma su realidad. Hay quienes jamás se han hecho preguntas acerca de la trascendencia; otros, sin embargo, dicen de sí mismos que son creyentes, pero esa creencia es simplemente una perpetuación de costumbres, sin ningún tipo de base, sin profundidad.

Cuando se sufre una pérdida de gran magnitud como es la pérdida de un ser querido, sucede en muchas ocasiones que todo deja de tener sentido y sin ese sentido es difícil encontrar fuerzas para avanzar, para seguir adelante. Quien era creyente puede dejar de serlo, quien era agnóstico ahora siente cosas que no tienen explicación si no existe otra vida. Todo se remueve. Tener creencias puede ayudar, pero lo que verdaderamente ayuda es encontrar un sentido a pequeñas cosas, en un periodo corto de tiempo, sin grandes pretensiones, el sentido se puede encontrar si sé que alguien me necesita y quiero estar fuerte, aunque me cueste. Cualquier cosa en la que nos podamos apoyar en esos momentos nos va a ser útil. Estar dispuesto a encontrar el sentido hará que en algún momento éste llegue, pero se ha de estar con esa actitud de apertura hacia la vida, muy difícil en los primeros momentos del duelo.

Lo más maravilloso para mí es que descubrí una cosa, y cada vez lo tengo más claro: si no lo creo no lo veo y cuanto más creo, más veo, y sobre todo, siento. ¡Y es tan bonito sentir!

17.- DE LO ESPIRITUAL A LO MUNDANO

(Cristóbal Sanmartín, *Haiku*)

Lo más extraño era abrir los ojos por la mañana y no encontrarlo a mi lado, inmediatamente me venía a la cabeza todo lo vivido y lo que le había prometido. Deseaba estar fuerte, así que me levantaba de la cama y acallaba ese dolor en mi corazón. Sentía a Cris cercano a mí y pensaba que él estaría bien si me veía bien. No pedí días libres en el trabajo, todo lo contrario, quería que cada día él se sintiese orgulloso, hacer lo que él no había podido hacer. Comencé por recopilar todos los escritos de Cris para completar el libro de poemas que ya le había regalado a su hija. Me pasaba horas pasando sus palabras manuscritas con su mala letra al ordenador, sintiéndome cómplice y en conexión porque era capaz de descifrar ese jeroglífico sin piedra roseta, seguía disfrutando de él y de su visión de la vida. De alguna manera mientras coleccionaba todos sus escritos Cristóbal estaba conmigo, esas letras antes habían sido dibujadas por sus manos, el surco del bolígrafo que él utilizó en otro tiempo dejaba constancia de sus

129

pensamientos y emociones. Era una necesidad para mí, conectar con aquello físico que él había dejado, saber que estuvo y que fue real. Mantenerlo conmigo y no olvidarlo, porque ¿Y si lo olvidaba? Esa idea me aterraba, porque ya no volvería a escuchar su voz, ni ver su mirada dulce ni sentir sus caricias sin tiempo.

Sin embargo, por otro lado, sabía que tenía que despedirme de él, que tenía que dejarlo ir. Eran como dos fuerzas antagónicas que estiraban, aferrarme a sus recuerdos, y reconocer que él ya no pertenecía a este mundo y que lo mejor que podía hacer por los dos era dejarle marchar. Así que organicé una despedida acorde a quien fue Cris. Nada de funerales, un acto íntimo y lleno de significado, algo simbólico donde quienes habíamos quedado tras su partida compartiésemos el agradecimiento por la presencia que había tenido en nuestras vidas. Algo bonito y dulce, como era él. El lugar lo eligió su amigo Andrés, gran conocedor de montañas y lugares hermosos, con quien Cris había disfrutado de excursiones y de noches haciendo vivac, durmiendo en plena montaña sólo refugiados dentro de sus respectivos sacos de dormir, mirando las estrellas.

Decididamente, cuando vi el lugar, supe que era allí donde debían descansar sus cenizas. Durante su vida se había sentido feliz en lugares como aquél, en plena naturaleza en la montaña y con vistas al mar. Llevamos su música y escuchamos a los Beatles, enlazados todos por los hombros, dejándonos mecer por las notas, balanceándonos. Probablemente Cris estaba bailando con nosotros. Quien quiso hablar, habló de lo hermoso que había sido que Cris pasase por nuestras vidas. Yo recité un par de poemas y dejé caer sus cenizas. Recuerdo que mientras las sostenía no podía creer que su cuerpo cupiera en esa urna, todavía me cuesta creerlo. A continuación esparcimos pétalos de flores. Sentía melancolía, pero no tristeza. Fue íntimo, sencillo y bello. Deseaba que esa sensación de amor y de paz me acompañase siempre que recordase a Cris.

Pero todo esto era sólo una parte de lo que tenía que vivir. La soledad, la incomprensión, la dificultad para lidiar con emociones desconocidas y además la interacción con otras personas que tampoco saben cómo lidiar con las suyas es algo que se suele vivir en el duelo. En mi caso, nada más fallecer Cristóbal me sentí en una nube, nada de lo que ocurría en el planeta tierra me afectaba. Las preocupaciones que para los demás eran importantes a mí me parecían tonterías. Era como que al acompañar a Cris en su tránsito algo de esa trascendentalidad había venido conmigo. Y cuando se hacían comentarios que podían resultar hirientes, yo no me enfadaba porque sentía que eran fruto de la ignorancia. Estaba como anestesiada de la realidad mundana. Sin embargo la vida seguía, y aunque yo no estuviera preparada no me iba a esperar. Es necesario hacer trámites, arreglar papeles, organizar objetos… Y como Cris y yo éramos el uno para la otra, al faltar él me quedé yo sola para plantarle cara al mundo. No podía delegar en nadie. Una no está para la vida, mucho se hace tratando de levantarse todas las mañanas y seguir adelante. Por eso, a pesar de sentirme por encima de estas cosas tan mundanas, a pesar de haber sido consciente que acompañar al ser amado en esos últimos momentos es un privilegio que no todos tienen, a pesar de lo trivial que me parecía todo me fui forzada a tomar decisiones, y esa anestesia que había sido necesaria para seguir viviendo porque si no el dolor hubiera podido conmigo, fue desapareciendo poco a poco y me descubrí con el alma a flor de piel, exponiéndome a situaciones que no esperaba. Como ya he dicho, me creía fuerte porque si había sido capaz de dejar partir al amor de mi vida podría encarar cualquier cosa que la vida me pusiese por delante. Dejar de tener miedo a la muerte te hace más valiente ante la vida. Para mí todo aquello fue durísimo, me tuve que enfrentar a situaciones y a personas a las que nunca pensé que tuviese que hacer frente. Todas las decisiones que tomé siempre tuvieron como objetivo que se respetara a Cristóbal, en cada momento tuve presente qué es lo que hubiese querido. Quizá sabiendo todas las cosas que sé en este momento las hubiera hecho de otra manera, quizá hubiese delegado o desde un principio no hubiese tenido iniciativas y hubiese hecho que otros las tuvieran. La verdad es que no lo sé. A veces es bueno saber que una no puede con todo y debe aprender a delegar, porque realmente una persona fuerte es la que sabe pedir ayuda cuando la necesita.

Una noche durante este proceso tuve uno de mis sueños "especiales" aproximadamente a los dos meses de fallecer Cris. Esta vez fue diferente a los otros. Yo estaba en mi lado de la cama y Cris en el suyo. Nos encontrábamos en un lugar extraño, todo era de color claro a nuestro alrededor. Él estaba guapísimo con su cabello oscuro (más oscuro de lo que lo tenía en vida) y rizado, me dio la sensación de que era mucho más alto, aunque yo sólo le miraba a los ojos. Estaba siendo consciente de que se me permitía estar con él y de que estaba soñando, aunque nunca me había sentido tan despierta en mi vida. No hablábamos, sólo nos mirábamos, como solíamos hacer cuando vivía, a los ojos, si bien es cierto que tuve la sensación de que sin hablar nos estábamos transmitiendo una enorme cantidad de información, como por telepatía. Entendí cualquier misterio hasta ahora velado para mí. Me encontraba tranquila y feliz. Sentía el amor y la aceptación como nunca antes, no sólo el que Cris y yo nos profesábamos sino que en aquel lugar sólo existía esa emoción. Me daba apuro tocarlo, porque sabía que él estaba en un estado diferente del mío y temía que si lo hacía me diese cuenta de que no era real y me despertase del sueño. Lo único que le dije con mi voz fue: "¡Cómo te he echado de menos!". Llegó un momento en que supe que iba a despertar y antes de hacerlo me atreví, le toqué la cara y sentí el tacto. Es la primera vez en mi vida que me ocurría esto en un sueño. Al despertar seguía sintiendo el tacto de su piel en mi mano izquierda. Traté de recordar las cosas que me dijo con sus pensamientos, pero las había olvidado, sólo me quedó la sensación de que todo estaba bien.

Ese mismo día tuve una reunión muy desagradable, algo que me hubiese hecho trizas a no ser porque sabía con certeza que Cristóbal estaba conmigo dándome fuerzas. La reunión estaba relacionada con asuntos notariales. No podía entender que todo estuviese bien, porque lo que estaba ocurriendo era superior a mi entendimiento y a mi idea de justicia. Pero fue así. No quiero juzgar a las personas implicadas, comprendo que cada cual interpreta los hechos dependiendo de su visión de la vida y de su capacidad para afrontar las cosas que vienen. Tampoco pretendo dar detalles desagradables que no aporten nada. Sólo dejar constancia de que es habitual que en esos momentos de herencias y burocracia aparezcan conflictos. Cuando me di cuenta de que no podía razonar con alguien porque para que haya diálogo debe haber voluntad por las dos partes, lo único que hice fue renunciar a cualquier derecho que pudiese tener con respecto a la herencia de Cristóbal, me empezaba a encontrar terriblemente cansada de tanta lucha. Sí me parece oportuno decir que esto pasa, aunque se vaya con las mejor de las intenciones, pasa. Y que para mí la lección, la dura lección que aprendí (porque reconozco que fue muy doloroso escuchar las cosas que tuve que escuchar y también las consecuencias de todo ello) fue a diferenciar lo mundano de lo que había sido realmente Cris. No lograron ensuciar mis sentimientos hacia él, todo lo contrario, los fortalecieron porque entendí muchas cosas que él ya me había contado y en ese momento lo experimenté en mi propia piel. Además, todo aquello me obligó a practicar el desapego, una tarea que se debe hacer en el proceso del duelo, aunque para hacerlo se suele necesitar tiempo y consciencia. Yo la tuve que acometer en carne viva, al principio. Me desprendí prácticamente de cualquier cosa que tuviese el nombre de Cristóbal. Supe que todo lo que había sido mi vida a su lado amenazaba con ser desterrado de mi memoria, porque a partir de entonces ya nada de lo que pudiese recordarme a él estaría presente en mi vida. Sólo algunos objetos: nuestras alianzas, su corbata de boda, un par de pantalones de deporte, una camiseta para correr y, por supuesto, sus poesías. De hecho, lo que quería conservar ya no podía ser: el sabor de mi nombre en su boca.

18.- PENSAMIENTOS EN EL CAMBIO

Llegó el mes de abril
con su respectivo invierno.
Un invierno sin luz,
lleno de árboles muertos.
Un invierno que se vislumbra
sin matices, sólo el blanco y el negro.
Sin lucha vino el desastre,
el ciclón , la tormenta, el viento,
que arrancaron de mi hogar
las paredes, el techo y el suelo.
Invierno en primavera,
en verano, en otoño
y hasta en invierno, invierno.
Cesaron la música y la alegría,
cayeron los pájaros del cielo,
se secó el manantial del deseo
y las fresas ya no fueron besos.
Sin techo, sin paredes, sin suelo,
ni siquiera los cimientos,
ni tierra, ni mar, ni cielo,
todo se fue en mi invierno.

(Candela Escribá, *Invierno en abril*)

Dudo ahora si compartir mi dolor, al igual que dudé si compartir la agonía que sufrió Cristóbal en su última semana de vida. Me he permitido mostrar ciertos momentos dolorosos, pero me he centrado sobre todo en su amor y en lo que he aprendido, en lo que me ha sido útil. Sé que una persona que esté pasando en este momento por donde ya lo hice yo puede no sentirse del todo identificada, porque el dolor que se experimenta en casos así es demasiado grande y el mío, en mi escritura, lo toco con la punta de los dedos. No he querido mostrarlo en toda su extensión porque no deseo que estas páginas se conviertan en reproches o en una sutil venganza contra aquellos que me hicieron daño, pero el dolor está en el duelo y se ha de identificar, aceptar para diferenciarlo del sufrimiento.

Durante todo el tiempo que duró la enfermedad de Cris me esforcé por estar bien, para que él también lo estuviese, adquiriendo más responsabilidades cuando él, poco a poco, dejó de poder hacer las cosas que hacía y ya al final, en su gran deterioro físico, prácticamente me convertí en sus manos, sus piernas y su voz. Seguir esa inercia de hacer lo que él no podía me llevó a tratar de hacer tras su fallecimiento las cosas que él no pudo terminar. Estaba activa, me sentía fuerte, no me permitía llorar. En un primer instante, los dos primeros meses, tuve una sensación difícil de explicar, era como si estuviese por encima del bien y del mal, como anestesiada. Las cosas de las que hablaba la gente no tenían la menor importancia para mí. Luego, me fui despertando poco a poco, bajando desde donde estaba al mundo en que me tocaba vivir.

Fue entonces cuando me di cuenta de que había heredado el rencor provocado en Cris por sus viejas heridas y deseé hacer justicia reivindicando su lugar en el mundo. Mi rabia procedía de la sensación de que no se estaba actuando de la manera adecuada. Me hería que no cumpliesen con sus últimas voluntades o las cosas que se decían de él y que no se correspondían con el hombre que yo había amado, basadas en prejuicios, me indignaba el atrevimiento de aseverar como verdad aquello que no se conocía. Pocos tuvieron el privilegio de conocer su grandeza, su sensibilidad, su gran humanidad. Su manera de ir por el mundo, esforzándose por no dañar a nadie hizo que se convirtiese en ese gran desconocido para la mayoría de las personas. Una marea de emociones me abofeteaba como olas en una tempestad y yo trataba de encontrar un mar en calma. Y en esa tempestad traté de aferrarme a quienes pensaba que estaban en mi mismo barco, pero me equivoqué porque no lo estaban.

No deseo dar muchos detalles. Como comenté anteriormente, la persona que se ha ido significa cosas muy diferentes para cada quien que lo ha conocido. Mi intención en todo momento fue la de que él estuviera feliz allá donde estuviera, sin embargo recibí ataques por donde menos podía esperarlo. Es posible (estoy casi convencida) que estos ataques vienen de las propias heridas de los otros, aquello que lanzan para protegerse del dolor. La ira se manifiesta de manera muy sibilina y fuera de toda lógica. Yo todavía no logro entender cómo se llegó a aquello. Puede que al convertirme en la persona que más unida estuvo a él en su último adiós molestara mucho a éstas personas. Cuando pasamos por el duelo queremos sentirnos especiales para aquel que se ha ido. A veces escondemos nuestras emociones porque mostrarlas descubriría esa persona que no queremos ser, sin embargo esas emociones están y para justificarlas solemos racionalizarlas de una manera que nosotros encontramos la lógica, quién querría mostrar su envidia, su miedo o su rabia…Por eso en lugar de mostrar nuestra envidia podemos argumentar que esa persona no merece aquello, o mi ira por no aceptar lo que ha ocurrido me lleve a argumentar que busco hacer justicia. Sin embargo estas emociones son normales, tienen una función y es bueno conocerlas y ponerles nombre para poder gestionarlas de la manera más sana posible.

A lo largo de mi acompañamiento a personas en duelo he podido ver este tipo de malos entendidos, y gracias a eso he podido para darme cuenta que algo así ocurrió en mi caso. Obviamente es una interpretación que hago de algo que no llegué a entender nunca. Lo objetivo fue el duro resultado: no volví a tener contacto con la hija de Cris, la persona a quien más había querido en su vida. No tuve intención de mantener cualquier enfrentamiento que pudiera afectar al bienestar de la niña, fomentar un conflicto a raíz de la muerte de su padre me parecía lo peor que podía hacerle. Simplemente me quité de en medio, a pesar de que, en cierto sentido, no podía evitar sentir que la estaba abandonando. Elaborar todo esto llevó mucho tiempo, perdonar la herida me ha llevado mucho esfuerzo y reconozco que a pesar de haberlo hecho en gran medida, a veces, cuando algo me trae el recuerdo de esa niña, que ya no lo es, se me entrecorta el aliento y sigo sin entender el por qué de todo aquello.

Afortunadamente en aquella época, vivía con la sensación muy real de que Cristóbal estaba conmigo. El sueño que tuve tan vívido junto a él y que trajo consigo ese mensaje de que todo estaba bien justo antes de ese episodio tan desagradable, me dio fuerzas para mantenerme en pie durante esos meses, levantarme todas las mañanas a pesar de encontrar su lugar en nuestra cama vacío, mirarme en el espejo, dibujarme una sonrisa, si no natural, sí con el pintalabios, y salir a la calle. Me decía que debía estar abierta a la vida, que no podía dejarme atrapar por tantas emociones negativas, que mi misión en adelante debía ser mi propio bienestar.

Pero fue un trabajo duro, me sentía muy sola. Tampoco podía compartir mi dolor tampoco con mi familia, porque no me sentía cómoda hablando de mi pérdida. El hecho de que no aceptasen a Cristóbal en vida me alejaba de ellos porque era consciente que no entenderían todo lo que había perdido ya que tampoco fueron consciente de cuánto nos quisimos. Ellos sufrían porque querían ayudarme y yo sufría porque no sabía cómo hacerles entender mis sentimientos. De alguna manera sentía rabia porque nunca le dieron una oportunidad, pero realmente, esa rabia lo que escondía era culpa, la culpa de haber sido incapaz de transmitirles el por qué Cristóbal era ese ser único para mí, el no poder haber logrado que lo quisiesen también.

Mi dolor me dolía tanto que no me sentía con fuerzas de ponerme en el lugar de ellos, de comprender su sufrimiento. Ese sufrimiento existía, pero lo único que podía hacer era dar espacio a mi dolor y acunarlo como a un niño, ese dolor era mío, nada más que mío. Los escasos intentos de conversación daban lugar a resultados que me herían, hablábamos idiomas diferentes y esa falta de entendimiento me hacía sufrir. Busqué protegerme, no dar pie a ningún comentario doloroso. En momentos así el silencio era mi único aliado, porque no quería que me dañasen ni dañar a nadie, pues pese a todo comprendía que ellos también sufrían al no ser capaces de ayudarme.

Esto que me ocurrió a mí no es nada excepcional, la soledad, la incomunicación, los malos entendidos, suelen estar presentes en el duelo. Como explicó Ascen, otra Caminante en el duelo: "te conviertes en un carnicero que va a una convención de vegetarianos".

También duele que la vida siga, que siga saliendo el sol, que los niños crezcan y que aquellas plantas que él había plantado sigan floreciendo cuando él no está. Y a mí me finalizaba mi contrato laboral en Alicante, desde la misma empresa me daban la oportunidad de otro trabajo temporal pero ahora en Valencia. Estaba totalmente agotada, no podía controlar nada, si era aquello lo que la vida me ofrecía lo aceptaría. Trataba de estar bien, o así lo creía. Así que una vez renunciar a la herencia; apilé sus pertenencias para que se las llevasen e hiciesen con ellas lo que quisiesen; embalé lo que había sido de ambos dejándolo en el garaje de mis padres; y me dispuse a irme a una nueva ciudad sin saber muy bien qué me esperaba.

Una vez instalada en Valencia, cuando todo se calmó, me derrumbé. Me di cuenta de que no tenía nada. Sólo yo para tanta peso. Ese sueño premonitorio donde se me decía que lo iba a perder todo era un hecho. Allí, en la habitación de un piso compartido, volvía a empezar, pero no sabía para qué. De pronto nada tenía sentido. Estaba muy cansada, cansada de ser fuerte, cansada de luchar. Cansada de la vida. Para qué la lucha, para qué las buenas intenciones. Estaba sola, en la soledad más pura, en un mundo sin asideros. En la pura nada. Deseaba dormir y no volver a despertar. Ya no deseaba vivir si Cris no estaba conmigo.

Las emociones que se sienten no son buenas, ni malas. Las emociones son. Aunque no nos guste reconocernos en la rabia, en el enfado, en la tristeza éstas emociones tienen una función en nosotros. Me gustaría poder decir que aceptaba todo lo ocurrido, las cosas que se decían o se hacían. Me gustaría decir que encontré la manera de comunicarme adecuadamente con todos mis interlocutores y les hice entender como me sentía. Me gustaría decir que hice todo lo que se debe de hacer en esos momentos de la manera adecuada pero esto no sería verdad, porque simplemente estaba dando pasos por un camino que desconocía, simplemente estaba demasiado ocupada tratando de sobrevivir de la mejor manera que sabía. Muchas veces reprimimos mostrar nuestras emociones, nos avergonzamos de nuestros miedos, nuestros enfados, nuestras tristezas y es aquí donde estas emociones que en principio pueden ser útiles, al ser ocultadas se conviertan en otra cosa. Nos instalemos en estados emocionales que en muchos casos no se parece a la emoción que lo provocó y entonces el enfado se convierte en resentimiento, en depresión, culpabilización; o la tristeza en victimismo, culpa o enfado; o el miedo en fobias o trastornos de ansiedad.

La inteligencia emocional debería ser una asignatura obligatoria en las escuelas. No nos enseñan a reconocer nuestras emociones, no nos enseñan a canalizarlas de manera sana. Es por eso que en momentos de crisis existencial, seamos torpes, como yo pude serlo en muchos momentos. No saber comunicar mi enfado, no poner límites o buscar escapes. Ni tan siquiera comunicaba mi tristeza que me la guardaba para mi soledad más absoluta. Escribir en mis diarios sobre todo aquello me ayudó a buscar palabras para expresar lo que sentía. Ordené algunos pensamientos que encontré apuntados en libretas. Eran sólo pensamientos de alguien que había perdido a un ser amado, alguien que trataba de encontrarse, de entender qué había pasado. Los recojo aquí porque, si has conocido una experiencia semejante y los lees, tal vez te identifiques con ellos y, en cierto modo, te ayuden a escapar de la sensación de encontrarte a solas con tu sentimiento de pérdida.

Quién soy

A veces pasa cuando me despierto que no sé qué o quién soy. Intuyo una luz tras mis párpados cerrados, una luz que me trae los sonidos de la calle, los coches y los pájaros.

En esos momentos nada me importa. No identifico con claridad el lugar donde me encuentro, puede que sea Barcelona, Alicante o Villena, pero finalmente elijo la certeza de que ahora estoy en Valencia. Y con ella comienzan a llegar todos los recuerdos de la persona que soy ahora, como si constituyesen el *software* de mi ordenador.

Entonces me pregunto qué pasaría si no se tratase de Valencia sino de las ciudades anteriormente descartadas: ¿Se borrarían los recuerdos anteriores al reiniciar el sistema? ¿Volvería a esa otra realidad que he vivido? ¿Realmente soy yo la que he vivido esa realidad? ¿Habré borrado algunos de mis recuerdos al elegir vivir la certeza de estar en Valencia? No sé, son cosas que a veces pasan, que a veces me pasan.

Empezando de nuevo

En Valencia, tres semanas después de mi última mudanza, me encuentro pensando, recordando y echando de menos a Cristóbal. Es curioso ver cómo se manifiesta la vida, cómo fluctúa y cómo me lleva de esta manera caótica hacia no sé dónde. ¿Qué más da? De momento me lleva y me dejo llevar. Me proporciona experiencias que me descubren facetas desconocidas mías y me recuerdan otras que me suelen acompañar. Estoy empezando de nuevo, con todo lo que ello implica, como otras veces. Vuelvo a estar sola, pero a diferencia de antes me siento afortunada por haber estado con él.

Empiezo desde abajo, nuevamente. Puedo decir, eso sí, que la vida nunca ha permitido que me faltase nada material, nada que pueda considerarse importante: techo, comida, ropa… Pero empiezo otra vez desde abajo, en este mundo de materia, justo en este mundo donde él ya no está. Sin embargo, con él llegué a lo más alto en otro tipo de mundo. En ese mundo que era nuestro y que ahora recuerdo, y me pregunto si todavía existe ese lugar, si de alguna manera puedo acceder yo sola a él.

No me asusta la soledad, a pesar de que no me guste estar sola, a veces la prefiero a compañías incómodas o difíciles. A la soledad la conozco desde siempre, desde niña, aunque probablemente no estaba sola me sentía así. Ahora sé que, aunque lo esté, puedo lidiar con ese sentimiento, aceptar la soledad como compañera el tiempo que decida estar conmigo. La diferencia entre antes y ahora es que en el pasado pensaba que esa emoción era intrínseca a mi personalidad, porque si bien antes de estar con Cristóbal he tenido otras parejas, nunca me sentí en el hogar hasta que apareció él. Con él todo cambió y fue fácil y bonito, lleno de ternura y de asombro, para mí y también para él, que venía de una soledad más dura que la mía, ya que su soledad había sido consecuencia de una serie de pérdidas y la mía, no sé si definirla como elegida, pero al menos no sentía que hubiese perdido nada ni a nadie en el camino. Si en esos momentos pretéritos me hubiesen dicho que eso no era lo natural en mí, que Cris iba a aparecer y que experimentaría ese sentimiento de unión tan fuerte con otro ser, no lo habría creído. De hecho no sabía que había tantos matices de sentimientos en la profundidad de un abrazo, o de una mirada, como experimentaría más tarde. Cris apareció y, como decía Benedetti, "las dos soledades se hicieron una llama". Ahora que Cris se ha ido sé lo que es sentir el hogar, que no es un lugar físico, sino la sensación de residir plenamente en el presente.

Quizá esa soledad que se siente tan cómoda a mi lado haya sido una maestra, porque es cierto que mi anhelo ha sido, y ahora soy consciente, encontrar ese hogar, pero también he aprendido que se puede estar y vivir como nómada en su búsqueda, que es otra forma de ser. También esa soledad previa a Cris me hizo sentir desde el principio nuestro encuentro como algo excepcional, como un milagro, y es posible que esa fuese la razón de que exprimiésemos todos los momentos, incluso antes de saber con plena consciencia de la caducidad de nuestra compañía física. Cristóbal fue la gran ausencia que siempre tuve y la que ahora tengo, aunque cuando me acuerdo de él, de nuestros momentos, no me siento tan sola.

Tu ser querido ha muerto y no va a regresar

Hoy el frío de este invierno tan cruel me hiela los huesos y casi he olvidado lo que sentía cuando me abrazaba para hacerme entrar en calor. Ya casi he olvidado lo placentero de meterme en la cama sabiendo que él ya la habría calentado porque estaba un ratito dentro, y después nuestro ritual de acoplamiento, el "te abrazo o me abrazas" y luego, cuando pasaba un rato, decir: "cambio" o "ahora yo", y el abrazador se convertía entonces en el abrazado.

Hace tiempo que no lo espero. Ya no cocino para dos, ya no me apetece cocinar, al igual que no me apetecía cocinar antes de conocerlo a él. Nuestra vida juntos no tiene cabida en esta habitación que me acoge, sus cosas ya se fueron y las nuestras duermen en cajas en un garaje. De momento estoy, mañana no lo sé.

No lo encuentro a él, ni encuentro asideros. Deseo construir una vida nueva, otra más, de nuevo, pero no hay tierra donde plantar mis raíces. De momento estoy, mañana no lo sé, estoy suspendida en el aire, tratando de asirme a nubes que escapan de mis dedos. ¿Quién sabe? Quizá me crezcan alas y aprenda a volar como los vencejos.

Ya casi no me acuerdo de cuando me abrazaba para hacerme entrar en calor, pero me acuerdo.

La vida escuece

El vacío, la nada. Es como si el sentido estuviese ausente en esta vida que empuja y trata de seguir adelante cuando yo parece que no puedo. Me duele el alma, la ausencia de todo y de mí. Ese carecer de huella en el camino, ese andar de puntillas y empeñarme en que todo tenga un sentido que me escuece.

Me escuece la vida, sin ese amor que ya nunca volverá a ser lo que acostumbraba. Este vivir con mucha pena y poca gloria. Esta vida que me intoxica en cada inhalación.

Dime, cariño, inúndame con tus palabras, con tu esencia. ¿Te sientes querido? Cariño, dime si te sientes querido porque yo te quiero y a veces me siento hipócrita cuando sigo viviendo sin ti. Y no me apetece escribir con buena letra. Y parece que te olvido pero tú sigues estando. ¡Ay como duele! ¡Ay ese vacío en el estómago! Es un agujero negro, esa ausencia de ti y de mi. Y nada me llena y todo carece de todo. Y la inexistencia no me parecería nada mal si yo no existiese. Me duele todo, me duele el alma,

Dime mi amor por dónde ir. Dime mi amor qué hacer sin ti. Esos hijos que ya no tendré. Y esa vida que no es la mía, aquí en este pasar de días.

Me rompo y te rompo en añicos. Ya nada es ni será. Mis ojos hinchados de lágrimas que no me permito llorar. Cansada de vivir, ansiosa de la vida.

Y todo esto a veces me preocupa porque me hace olvidar las cosas. Lo que acabo de hacer, lo que acabo de decir, la manera de organizarme, lo que quiero.

Y otra vez sin ti. A veces el dolor que siento es tan grande que no sé si tu existencia cambiaría algo de lo que siento y no me gusta sentir. Tu ausencia me duele tanto que parece que nada me pueda quitar este dolor, ni siquiera que de pronto aparecieses detrás de una puerta.

19.- INICIO DEL DUELO

Se mira en el espejo
Y cumple su promesa.
Tacones altos, altos.
Vestido nuevo, ceñido.

Y se pinta la cara,
máscara de pestañas
que enmascara su mirada,
labios rojos que pintan
en el espejo una sonrisa.

Guarda el equilibrio
desde los tacones.
Cumple la promesa.
Sin caer.

Que no se desdibuje la sonrisa.
Que no se emborrone la mirada.
Que siga de pie
frente al espejo,
última mirada
con la sonrisa de carmín.

Por un momento
siente que cumple con su parte.
La parte de él,

(Candela Escribá, *La viuda alegre*)

Al inicio me mantuve fuerte, la sonrisa en mis labios. Cuidándome, celebrando, con plena consciencia de que la vida es un regalo que se puede acabar cuando menos se espera. No sé muy bien si los primeros meses estaba en estado de *shock*, o si tenía tantas cosas por hacer que no me permitía sentirme triste. De hecho, salvo momentos de derrumbe, apenas había llorado en todo ese tiempo. Yo me seguía cuidando, iba con la sonrisa de Gioconda en la boca, sintiéndolo cerca, sintiéndome agradecida por saberme tan querida.

Es usual cuando se transita por el camino del duelo mostrar mucha susceptibilidad ante comentarios más o menos bien intencionados. A veces porque te dan el pésame y lo sientes vacío, o te ofrecen una ayuda que sabes que no se te va a dar, o dicen cosas desde la intención de animarte que sólo denotan una falta de tacto increíble. Todas estas cosas ocurren también cuando se están tramitando gestiones y herencias, en momentos en que se unen muchos sentimientos encontrados. Un simple detalle puede tener un valor simbólico que da lugar a segundas intenciones, o puedes tomarlo como algo personal que te hace sentir que eras poco importante para la vida de tu ser amado, o lo que es peor, que la vida de tu ser amado no era importante. Vienen las ganas de hacer justicia, o vengar al difunto interpretando sus voluntades. En estas ocasiones hay disputas que en su momento no imaginábamos que iban a aparecer. Realmente debe haber una muy buena comunicación con todas las personas que sufren el duelo para que se entiendan. El fallecido es alguien que representa algo diferente para cada uno y, por ello, los distintos duelos no son comparables. Incluso dos padres, llorando a un mismo hijo, lloran a dos hijos distintos, porque cada uno puede haber tenido una relación diferente con él, porque para cada uno la muerte significa algo diferente. Sobreponerse a una pérdida así unidos dice mucho a favor de la pareja, de la comunicación, el respeto y el amor que existen entre ellos.

Pero no somos sólo susceptibles ante gestiones y trámites, y ante cómo y con quién los gestionamos. Somos susceptibles ante miradas, gestos, comentarios…Dejo a modo de ejemplo un comentario que fue de tan mal gusto que hasta me hizo gracia. He de decir que la persona que me lo hizo no era nadie cercano a mí, por eso me lo pude tomar con humor. Esta mujer, a los dos meses de la partida de Cris, me dijo: "Pues estás muy guapa, ya verás que pronto encuentras a otro". Me dio mucha pena esa mujer, porque con sus palabras sólo me hacía constatar que no tenía ni idea de lo que era sentir el amor que yo había sentido. Este tipo de comentarios se hacen y se escuchan constantemente. A veces te pueden decir cosas como:

"Entiendo lo que estás sintiendo", de una forma que te hace mirar a quien lo ha dicho de arriba abajo con cara irónica, como mínimo. O pueden venir y decirte: "Lo que tienes que hacer es (a elegir): "ser fuerte", "llorar", "no quedarte en casa", "quedarte en casa", "apuntarte a algo", "hacerte un seguro de decesos"… en un momento en que no pides consejo a nadie. Encontrar a alguien que esté verdaderamente contigo y que te escuche suele ser complicado. Sobre todo cuando quieres hablar una y otra vez de lo mismo, algo que es necesario para poder entender y aceptar lo que ha ocurrido. Para mí lo importante fue entender que esas personas hablaban y actuaban con la mejor intención, ya que probablemente no habían vivido un duelo importante en su vida, y que por ello se dejaban llevar por convencionalismos o suposiciones. No se está acostumbrado al sufrimiento, de ahí que ver sufrir a alguien resulte incómodo, unas veces no se sabe qué decir y otras se intenta ayudar al otro para que deje de sufrir, pero en esos momentos lo que se suele necesitar es compartir el sufrimiento. De todos modos, a pesar de que lleguemos a entender que esas personas lo hacen por bien, es positivo salir preparada. Porque a veces lo peor no es que te digan estas frases que en muchos casos sentimos como puñaladas, sino el quedarnos sin decir nada. Aprender a decir, "mira, sé que no lo has dicho con mala intención pero eso que acabas de decir me ha dolido mucho" puede ser un ejemplo de cómo gestionar esos momentos.

No es recomendable tomar decisiones drásticas al comienzo de un duelo pero yo, a los seis meses, cambié de ciudad. El desapego no es ningún misterio para mí. Una vez ya establecida en Valencia, hecha la mudanza y empezando una nueva cotidianidad es cuando poco a poco empecé a asentarme en esa realidad. Por fin empecé a darme cuenta de que Cris ya no volvería a estar en mi vida de la manera en que había estado, de la cantidad de esfuerzo que estaba haciendo para mantenerme en pie, con mi sonrisa de Gioconda para que, en el caso de que él me viese, también sonriese. Sin embargo algo desencadenó que toda la tristeza que había logrado acallar durante ese tiempo se presentase en mi casa sin avisar, como un vendaval. Alguien cercano me insinuó que todo aquel esfuerzo de levantarme por las mañanas y de sonreír significaba que ahora estaba mejor que con Cris. Ese comentario despertó la rabia y la tristeza que llevaba reprimiendo desde el primer momento, porque sólo había una cosa que para mí fuese peor que la muerte de mi marido, y era la posibilidad de no haberlo conocido nunca, de no haber sabido lo que significa amar de aquella manera tan única, dulce e incondicional.

Gracias a esa conversación abrí paso a la tristeza. La pobre tristeza, a quien había amordazado y encerrado en una habitación para no verla, empezó sin previo aviso a campar a sus anchas, jugando con la rabia y la apatía. Años atrás había pasado por una depresión y conocía sus síntomas. Por eso y porque era tanta la gratitud que sentía hacia Cris decidí no volver a pasar por aquello. Busqué ayuda y encontré una asociación de apoyo en el duelo llamada "Caminar", donde me sentí acogida y comprendida. Recomiendo de forma ferviente que cualquier persona que comience un duelo trate de encontrar un grupo de ayuda, sobre todo si siente la soledad como una losa que le impide sobrellevar su sufrimiento.

Aprendí acompañada. Comprendí mis emociones comprendiendo las de otros que atravesaban su propio duelo. Aprendí a recorrer un camino que tenía etapas y que requería de mi compromiso conmigo misma para ir avanzando, transitando por ellas de una manera activa. Todos sabemos lo que es perder algo, desde el día en que nos quitan el chupete, cuando comenzamos en la escuela, cuando cambiamos de compañeros, de casa, de ciudad, pero las grandes pérdidas son, por supuesto, las pérdidas de las personas que amamos. De cómo hayamos respondido ante nuestras pérdidas anteriores, de nuestra tolerancia a la frustración y de nuestra actitud, va a depender nuestra mayor o menor vulnerabilidad ante el reto de vivir el duelo.

El duelo es un proceso natural, no es una enfermedad aunque pueda tener síntomas físicos. Existen ciertas etapas y conocerlas ayuda a entender que eso tan extraño que estás viviendo, esos pensamientos oscuros que se introducen en la mente y se empeñan en no salir, son frecuentes. Que sentir, escuchar, oler o tener sueños vívidos con nuestro ser amado, es algo también común. Que los sentimientos de miedo, rabia, impotencia y tristeza existen. Que hay que reconocerlos y aceptarlos para gestionarlos de manera que nos condicionen lo menos posible. El tiempo no cura nada si no nos mantenemos activos durante el proceso.

20.- EL CAMINO DEL DUELO

(Rosa Bueno)

Se puede pensar en el duelo como en un trayecto lineal donde el malestar poco a poco va remitiendo hasta llegar a un punto final, que nos devuelve al estado de bienestar anterior al fallecimiento de nuestro ser querido. Esto no es así, el duelo es una montaña rusa de depresiones y euforias, pero sucede que los picos, con el tiempo, son menos pronunciados, se suavizan a lo largo del proceso. Imaginarme este proceso como el Juego de la Oca me hace verlo de una manera mucho más gráfica, puesto que en realidad no es una línea recta sino una espiral, un camino donde en un principio estás abajo y según avanzas sube para volver a bajar, pero no tan abajo como estabas antes, y después volver a subir, pero no tan alto como antes. Así hasta llegar al centro, que no tiene nada que ver con el punto de partida, porque la persona que eres apenas tiene que ver con la que fuiste. Es un camino, si se hace de manera consciente, hacia el autoconocimiento.

Como en ese juego, la intención es ir pasando de casilla en casilla hasta llegar al centro. Esa intención requiere del jugador que se implique activamente, el tiempo no hace que se trascienda el duelo, es la actitud del doliente lo que le permite lograrlo.

Lo primero que sientes es dolor, no sólo emocional, también físico. Es un choque tan grande que muchas personas están aturdidas, no pueden respirar bien, a veces sienten que se ahogan, no pueden dormir o duermen demasiado. En muchos casos los médicos prescriben antidepresivos, ansiolíticos o somníferos. Una frase que he escuchado más de una vez a personas que atraviesan este proceso es: "Lo que quiero es que me duerman y me despierten cuando todo esto haya pasado". Pero evitar pasarlo, buscar atajos, no desear sentir el dolor, sólo es postergar el momento de su llegada.

A veces un duelo en el presente puede servir para finalizar duelos que en el pasado se negaron. Por tanto transitar este camino requiere de voluntad y valor porque desconocemos lo que nos vamos a encontrar, quiénes somos sin la persona desaparecida y quiénes vamos a ser. Y lo desconocido asusta.

Al igual que en el juego de la oca, existen casillas que te llevan hacia delante o hacia atrás. A veces se da dos pasos hacia delante y uno hacia atrás. Lo importante aquí es coger de nuevo el dado y seguir jugando.

Las casillas del Juego de la Oca

El juego de la oca está representado por 63 casillas. Unas son "normales", vamos caminando poco a poco, nos damos cuenta de que vamos avanzando y ya no sentimos ese dolor descarnado del inicio del camino. Luego nos encontramos también con las casillas especiales:

De oca a oca

El camino del duelo pone a prueba nuestro modo de ver el mundo. Los nombres de las cosas tienen significado hasta que sufrimos una gran pérdida, donde todo deja de tener sentido. Levantarse todas las mañanas, continuar con la vida se hace más difícil si no encuentras un para qué. Es esencial en nuestra partida encontrar un sentido, para ello podemos revisar nuestro mundo de creencias o preguntarnos por las cosas importantes en nuestra vida. Esta tarea es ardua pero si estamos dispuestos a hacerlo, llegará el sentido en un momento u otro. Dejar de preguntarnos por qué nos ha pasado esto y convertirlo en un para qué resultó fundamental en mi propio camino.

Una vez se encuentra ese sentido el avance es de gigantes, vamos de oca a oca y tiramos otra vez. La vida nunca va a ser como fue, pero eso no quiere decir que no la podamos volver a disfrutar de otra manera. El camino es largo y es importante no ser impaciente por llegar al final.

De puente a puente

Llegamos a ese punto donde según la actitud que adoptemos adelantamos o retrocedemos dentro del juego. A veces sentimos que avanzamos de golpe sólo para corroborar que no sólo no hemos avanzado, sino que hemos retrocedido. Porque la corriente de la vida no se detiene, queramos o no, sigue empujando, aunque nuestro ser amado ya no esté físicamente y eso duela como una bofetada. A veces sentimos que hemos avanzado, que somos fuertes, pero llega un aniversario, una celebración, un día señalado y volvemos a aquel lugar por donde creíamos que no íbamos a transitar más. Puede que en ese momento creamos que nunca conseguiremos acabar la partida, pero no pasa nada si seguimos tirando los dados.

De dado a dado

Suerte o magia. A veces es sólo cuestión de confianza. Lo cierto es que nos podemos sentir tan amados por aquel que se fue que sólo podemos sentir agradecimiento. Esto siempre nos conduce hacia delante. A veces puede que incluso nos sintamos ayudados. Creer en la magia, volver a conectar con quien se fue, ayuda a seguir con el camino, alivia el sufrimiento. Si permanecemos con los ojos abiertos veremos muchas señales sutiles. Un aroma, un escrito en un papel guardado en un bolsillo de un abrigo y que dice algo que necesitabas escuchar, la canción que te dedicaba siempre el día de tu cumpleaños y que suena por casualidad en la radio el día de tu cumpleaños. O que el día de tu aniversario de bodas te regalen las flores de tu ramo de novia por casualidad... Por supuesto, se le pueden dar todas las explicaciones del mundo, pero en el fondo sientes que eso es para ti. Por qué buscarles más explicaciones, cada vez que recibo estos regalos mi alma rebosa gratitud.

La posada

Cuando se cae en esta casilla suele perderse un turno. Hay veces en que durante el duelo lo que a una persona le apetece es aislarse. Las antiguas actividades, los antiguos amigos carecen ahora de sentido, a veces sólo nos recuerdan que ahora ya no podemos compartirlos con esa persona que tanto amamos. Quizá las emociones que nos provocan en ese momento sean de rabia, tristeza...Otras veces apetece quedarse en la posada y descansar debajo de la mantita. Aprender a ser permisivo con esos momentos nos puede enseñar a valorar las horas de soledad. Hemos de asumir un gran cambio, aceptar la nueva realidad que nos ha tocado vivir, una realidad que no hemos pedido, que ha venido sin buscarla. Todo lleva su tiempo. Escucha tu cuerpo y dale sus momentos de descanso para volver a salir a la vida.

El pozo

Cuando se cae en esta casilla suelen perderse dos turnos. Y menos mal que son sólo dos. Ocurre que vas andando, poquito a poco, tratando de que un día te lleve al otro. Miras atrás y ves que no estás tan mal como al principio, que quizá ese dolor tan desgarrador ya ha pasado, pero caes en el pozo. Así es el juego, y raro es que quien pasa por aquí no caiga alguna vez. Puede que al pozo te lleve algún aniversario o celebración, o simplemente escuchar su canción o simplemente necesitar su abrazo y ser consciente de que nadie te volverá a abrazar de esa manera única que tenía de abrazarte. Caes. Lo importante es saber que del pozo se sale, con esfuerzo, pero se sale, aunque cuando se está en su interior apenas se vea la luz. Todo es tan negro…

El laberinto

Ubicado en la casilla 42, cuando se cae en el laberinto se está obligado a retroceder a la casilla 30. En las sociedades modernas hemos aprendido a vivir de espalda al sufrimiento, a la muerte. Los valores que se persiguen son el éxito, el poder, la euforia, la juventud, la belleza… encarnados en actores, futbolistas, cantantes, modelos y gente famosa de cualquier índole. La muerte, el dolor, el sufrimiento, la enfermedad, los fracasos, las pérdidas apenas se nos muestran, no son bellos y parece que no existen. Cuando los caminos que creemos que debemos seguir de repente se rompen, ya nada tiene sentido, todo lo que nos habían dicho se convierte en mentira. Estamos perdidos y nada de lo que sabemos nos sirve. Hemos de andar por donde no sabemos, transitar por donde nunca nos hemos adentrado y enfrentarnos a eso que tanto miedo nos da: la muerte. Sin embargo la muerte puede llenar de sentido la vida, porque cuando se tiene presente se sabe que lo que no haga ahora puede que ya no lo haga nunca. Ser conscientes de la realidad de nuestra propia muerte hace que todos esos valores con los que se nos bombardea constantemente pierdan su importancia. Y es en el proceso de la muerte donde se nos brinda la oportunidad de encontrarnos a nosotros mismos, algo que puede asustar porque tememos no gustarnos. En medio del laberinto está el minotauro y si no nos inventamos excusas, si no tratamos de hallar un atajo, si tenemos el coraje de enfrentarnos al monstruo, algo pasará en nuestro interior que nos dará la clave para trascender el duelo.

La cárcel

Ubicada en la casilla 52, cuando se cae en la cárcel suelen perderse tres turnos. Y qué mayor cárcel que nuestros propios pensamientos y emociones. La cabeza nos puede ir a cien. Sufrimos por la pérdida, pero también por lo felices que fuimos y ya no seremos. Sufrimos por lo que nos gustaría haber hecho y no hicimos. Sufrimos por aquella persona que nos dijo aquello y no nos defendimos, ni nos hicimos respetar. Sufrimos recordando el momento y el cómo sucedieron las cosas. Sufrimos por el futuro que ahora se nos presenta como una gran incógnita.

Pensamientos que nos atormentan, que no nos dejan dormir, que nos generan estados de ánimo y emociones. Depresión los que nos recuerdan el pasado. Ansiedad los relacionados con el futuro. Rabia, tristeza, culpabilidad, miedo, ira, apatía son algunas de las emociones que podemos vivir en ese momento de nuestra vida.

Sin embargo, lo que realmente ha pasado es la pérdida. El único momento que existe es el presente. La pérdida produce dolor, y el dolor no se puede evitar. Los pensamientos que lo acompañan son los que producen sufrimiento. Estos pensamientos son opcionales si aprendemos a verlos, si nos abrimos al dolor, si sabemos etiquetarlos, ubicarlos en nuestro cuerpo. Si los reconocemos y entendemos podemos llegar a la conclusión de que representan una realidad que no existe fuera de nuestra propia mente. El futuro del que nos hablan esos pensamientos carece de realidad fuera de ellos, no existe en el aquí y ahora. Y lo mismo ocurre con el pasado que nos hace sufrir, ese tiempo que no podemos cambiar y que en realidad ya no existe porque ya ha finalizado. Cuando aceptamos que el único momento que existe es el presente y que las únicas cosas reales son las que ocurren en el ahora, esos pensamientos y las emociones que nos hacen sufrir poco a poco dejarán de tomar importancia en nuestra vida y podremos salir de la cárcel.

La muerte

Aun así, puede que no caigamos en ninguna de esas casillas o simplemente busquemos atajos para seguir adelante. Tratar de hacer como que esa persona sigue viviendo, buscar compañía que me distraiga de la soledad, refugiarme en las drogas o el alcohol, son desvíos del camino que hacen imposible el trayecto y por tanto no conducen a ninguna parte. Su única función es evitar que nos enfrentemos a nuestros miedos, a la certeza de que la muerte existe y de que esa persona tan amada por nosotros ya no está.

Hay personas que eligen esos medios y puede que les funcione temporalmente. Sin embargo en cualquier momento puedes caer en la casilla de la muerte, y en ese momento no te queda más remedio que enfrentarte a la verdad. A saber que si no asumimos la muerte en nuestra vida, nuestra vida se basa en una mentira. Hay personas que al caer en esta casilla comienzan a vivir duelos pasados que nunca afrontaron. Por eso, cuando caes allí no te queda más remedio que comenzar desde el principio.

Última casilla

Y por fin llegas a la última casilla, justo en el centro del juego, justo en tu centro. Llegar al fin del juego no significa que hayas superado el duelo, el duelo no se supera, se integra. Te acostumbras a aceptar que esa persona no va a estar de la manera en que estaba en tu vida, pero aprendes que está de otra. Escuchar su nombre ya no produce un latigazo, sino tal vez una sonrisa melancólica y un sentimiento de gratitud y amor que lo inunda todo. Te haces más sensible con el sufrimiento, y puede ser un buen momento para ayudar a otras personas que en este momento sufren. Cuando sufres y recibes el abrazo de alguien que ha sufrido, ese abrazo está lleno de corazón y reconforta.

Llegar al centro supone un proceso de profundizar en el sentido de la vida, en las creencias, en el saber qué eres y qué no eres. Cambian radicalmente los valores hacia la vida. Yo he conocido a personas que han tenido el valor de aceptar las reglas de este juego pasando por todas las casillas y puedo decir que son personas especialmente bellas. En su mirada existe una luz especial; en su risa, algo de melancolía; y todas ellas son como ángeles maravillosos que nos acompañan.

21.- LAS TAREAS DEL DUELO

El ser humano es como una casa de huéspedes.
Cada mañana llega alguien nuevo.
Una alegría, una tristeza, una maldad, una consciencia pasajera,
llegan a ella como viajeros inesperados.
¡Dales la bienvenida, recíbelos a todos!
Aunque sean una multitud de penas que arramblen
con todos los muebles que tenías en tu casa.
Trata con cariño a cada huésped.
Quizá te esté haciendo espacio para una nueva alegría.
Recibe en la puerta, con una sonrisa el pensamiento oscuro,
la vergüenza o la malicia, e invítalos a entrar.
Da las gracias a todo el que venga,
porque te ha sido enviado como guía desde el Más Allá.

(Rumi, *La casa de huéspedes*)

Que quede claro que el tiempo no lo cura todo. El tiempo no hace que dejes de sufrir en el duelo, el tiempo no hace que dejes de añorar a la persona que ya no está. Me molesta incluso leer en algunas ocasiones que el proceso de duelo dura de uno a dos años. ¿Cómo puede sentirse una persona que lleva tres años elaborando su pérdida y todavía no se encuentra restablecida cuando escucha esto? Un duelo se elabora, no se pasa y no se supera, porque nunca vuelves a ser la persona que eras antes. Pero un duelo se puede trascender, es decir, puede convertirte en una persona más profunda, más sabia, más compasiva gracias a lo que aprendes por el camino si mantienes una actitud activa durante el proceso. Llegar a trascenderlo requiere según Robert A. Neimeyer, un gran especialista en la materia, cinco tareas: reconocer la pérdida, abrirse al dolor, revisar el mundo de significados, reconstruir la relación con la persona perdida y reinventarnos a nosotros mismos. Estas tareas no guardan un orden, son etapas del proceso que pueden realizarse de manera simultánea en algunos casos.

Reconocer la realidad de la pérdida

Entre tú y yo,
un velo de ceguera,
desde mi lado
a tu lado,
desde mi tacto
a tu roce,
anestesia.
Entre tú y yo
se interpone
mi vida entera.
Miro sin verte.

Mas entre tú y yo
no hay distancias,
porque en mí tus gestos,

(Candela Escribá, Proximidad en la distancia)

Aceptar la pérdida es, en mi opinión, lo más difícil de hacer y no se llega a conseguir del todo. Hay momentos recurrentes en los que te es muy complicado entender que la persona que se ha ido no va a volver jamás, aunque resulte obvio. Intelectualmente entendemos los conceptos. Sin embargo, ni nuestro corazón ni nuestro cuerpo lo entienden. Yo estaba acostumbrada a las caricias de Cristóbal, en todo momento, con cualquier pretexto y sin pretexto. Estaba acostumbrada a escuchar su voz y ¡qué bien que sabía mi nombre en su boca! Y qué decir de su mirada, dulce como la de un niño, a veces me miraba como quien ve por primera vez el mar, con esa sorpresa y admiración. ¿Cómo entender que eso ya no existe? Reconocer eso es reconocer que la persona que yo era en su universo se fue junto a él, lo cual duele profundamente. Esta consciencia viene y se va, es demasiado dolorosa para que nos podamos hacer cargo en una sola vez. No es que echemos de menos a nuestro ser amado, sino que conceptos que nos resultan abstractos como "nunca más" o "siempre" de repente se encarnan en nosotros.

También es cierto que poco a poco te acostumbras al dolor de la ausencia. Y puede que un día recuerdes aquello que decía a carcajadas, y en lugar de una punzada sientas una pequeña sonrisa. No lo olvidas, te acostumbras a que no esté. Y es posible que en el momento en que aceptes que nunca volverá de la manera que esperabas lo empieces a sentir de otra manera y te des cuenta de que siempre estará contigo.

Abrirse al dolor

Ni que només fos
poder-nos dir un altre adéu serenament.
Ni que només fos
perquè sentissis com t'enyoro.
Ni que només fos
per riure junts la mort.

(Lluís Llach, *Cant de l'enyor,*)

Porque es así, los duelos duelen. Evitar el dolor es postergarlo y finalmente vendrá de golpe. Abrirse al dolor, a las emociones que despierta, es un camino hacia el autoconocimiento. Llorar, gritar, golpear una almohada en los primeros momentos puede ser de lo más sanador. Lamentablemente no estamos acostumbrados a abrirnos a las emociones, tanto es así que en muchas ocasiones no sabemos poner nombre a las que sentimos. Porque la rabia no es lo mismo que la ira, porque el miedo no es lo mismo que el pánico, la tristeza no es lo mismo que la apatía. En ocasiones hay emociones que subyacen tras otras. Reconocerlas, dejarles espacio en nuestra casa, ser permisivos con lo que sentimos para que el día en que estén preparadas para irse lo hagan.

Los hombres y las mujeres pueden pasar por este proceso de manera diferente. Es posible que las mujeres conecten más fácilmente con las emociones. Generalizando, a las mujeres se les ha permitido más dar ese espacio para llorar y hablar de lo que sienten y sin embargo, los hombres han sido educados para ser fuertes, "los hombres no lloran". Esta imposición los deja en una situación de desventaja a la hora de compartir su duelo. Por otro lado, los hombres suelen ser más operativos a la hora de afrontar un duelo, suelen estar más en el hacer que en el sentir. Aún así y como he repetido durante estas páginas, los duelos son tan únicos como las personas que hemos perdido y el dolor en ninguna manera se puede comparar. Simplemente hay maneras de llevar un duelo, y hay mujeres que lo pueden hacer desde el hacer y hombres que lo pueden hacer en el sentir, o simplemente podamos pasar etapas en las que estemos en el hacer y otras en el sentir.

Las emociones que acompañan el duelo en muchos casos son nuevas o son tan agudas que todos los recursos que tenemos para afrontarlas resultan escasos. Y no hay un camino bueno o malo para elaborar un duelo, existe el camino que a cada uno le funciona y el camino que no. La manera de expresar las emociones puede ser diferente. A mí me gusta escribir sobre ellas, me da perspectiva. Quizá otra persona se exprese mejor dibujando, hablando o haciendo ejercicio físico. Lo importante es que esas emociones se expresen de la manera que sea para que no se enquisten en nosotros.

Lo que yo he aprendido es que nadie puede sentir mi dolor. Sólo me duele a mí y es tan específico como la persona que soy, mi historia, mi carácter, mis relaciones. Por más que me explique sólo yo me entiendo y a veces ni siquiera eso. Mi dolor se relaciona con un vacío ancestral que no sé si viene de esta vida, de mis genes o de mi condición como ser humano.

Mi dolor aparece y desaparece y se entremezcla con otros dolores. Pero es cierto que, después de haber conocido la plenitud, el vacío se hace más vacío que nunca, y por eso me sentía más sola que nunca. Buscaba el sentido debajo de las piedras pero no lo hallaba. Por un lado con Cris toqué un pedacito de cielo, era un cielo muy nuestro, muy privado. Se convirtió en mi refugio, mi paz y mi alegría. Luego, la lucha durante la enfermedad fue una experiencia que apenas compartimos con otras personas. Las cosas que vivimos, las lágrimas que lloramos, las miradas que nos regalamos y la profundidad de nuestras emociones sólo nos pertenecieron a nosotros. No hubo testigos. Y cuando me quedé sola, a quién contarle, cómo hablar de ese gran hombre a quien parecía que sólo yo hubiese conocido.

Echar de menos sus abrazos y darme cuenta, como si fuese una bofetada, de que nunca más los tendría, de que no volvería a decirme "nunca he querido a nadie como te quiero a ti", con esa profundidad que sólo la cercanía de la muerte da.

Ese dolor era un dolor físico, se había apoderado de la boca de mi estómago y no me permitía que respirase con profundidad. Tan callado era ese dolor que en pocas ocasiones lloré y en las contadas ocasiones en que lo hice no permití que nadie me viese.

Ocurrió entonces que como el dolor no se expresaba cada vez ocupó más parte dentro de mí. Sentía a mis interlocutores más cercanos ajenos a mi pérdida. Dejé de hablar, porque ya no podía hacerlo si no era de él. Con mi dolor estaba mezclado un sentimiento de orgullo, el orgullo de haber vivido una relación de amor muy intensa, pero que nadie parecía entenderla. El dolor y el orgullo eran las dos caras de la misma moneda, del amor que habíamos sentido.

Finalmente me di cuenta de que la situación era enfermiza, me estaba aislando. Necesitaba ayuda y la busqué en la asociación Caminar. Hablando con desconocidos pude compartir la carga que llevaba a cuestas y, lo más extraño, sentirme comprendida. Cuando mi dolor fue compartido, volví a respirar, el malestar en la boca del estómago se fue atenuando y poco a poco pude volver a

hablar, porque ya podía hablar de otras cosas que no fuesen
ese dolor, había encontrado el lugar donde expresarme.

Revisar nuestro mundo de significados

Nada tiene tu nombre.
Cama, calle, cielo,
pájaro, árbol, coche,
amigo, familia, aire,
brisa, flor, hoja.
Nada te reclama.
Nada es tuyo.

La vida,
insultante,
gira y sigue.
Sin tu voz,
sin tu mirada,
sin tu risa,
sin tu aroma.
Sin ti.

Las cosas que veo,
la vida que pasa,
carecen de alfabeto
que te pronuncie.

Sin embargo,
mi cama ya no será sólo una cama,
la calle no será sólo una calle,
ni los coches sólo coches,
Son otra cosa.

Los pájaros con sus alas,
son metáfora de la libertad
que respetabas
en tu deseo
de ser libre.
El árbol frondoso
lo siento profundo,
porque tú lo nombraste,
alabando su arquitectura.

Mis amigos que no son tuyos,
mi familia que no es la tuya,
el aire que yo respiro y tú no,
en algo te pertenecen,
porque en mí estás tú,
y eso no lo evito.
No puedo.
No quiero.

Hasta mi último átomo
está impregnado de ti.

(Candela Escribá, *Reivindicaciones*)

Y ocurre que de la noche a la mañana ya nada tiene sentido. Ya los árboles no son árboles, ni los pájaros pájaros. Las palabras dejan de tener conceptos que representar. Todo es hueco, todo es vacío. Nada tiene fuerza para expresar lo que sentimos. Los pensamientos que nos acompañaban ya se han ido y aparecen otros, menos conocidos. Nuestro mundo, ése tan familiar, nunca volverá a ser porque nuestro ser amando ya no está. Nada a lo que aferrarnos. Vacío. No existe el bien, ni el mal. Nuestras explicaciones, las que nos funcionaban ayer para explicarnos la vida, hoy no funcionan.

En este momento es oportuno revisar nuestras explicaciones, nuestras creencias, nuestros conceptos. Abrirnos a otras interpretaciones, y puede que en un momento dado una frase, no sabemos por qué, nos haga reaccionar. Quizá un mínimo sentido de vida, una pequeña afición. Algo a lo que aferrarnos, para volver a crear otro universo de significados. Y quizá el árbol sea más profundo y los pájaros vuelen más alto.

Reconstruir la relación con la persona perdida

Reina, deja que bese tus pies. Me ha costado años, siguiendo tus huellas, poder pisar junto a ellos.

(SMS de Cristóbal Sanmartín)

La persona amada muere y a partir de ese instante ya no se crean nuevas experiencias a su lado. Sin embargo quien es esa persona para ti, eso no muere. La persona muere pero no la relación. Tu madre, tu marido, tu hijo no dejarán de serlo por estar muertos. Lo que han significado para ti perdurará en el tiempo. Ni se puede, ni se debe olvidar. Tampoco hay que vivir siempre en el pasado, simplemente permitir que en nuestra vida, mientras hacemos cosas nuevas, dejemos que su recuerdo venga y nos emocione. Compartir, por ejemplo, el chiste que Cris siempre contaba. O cocinar lo que cocinaba. O besar esa joya que nos regaló cuando conseguimos aquel trabajo. Porque quizá él haya muerto, pero no nosotros, que hemos sido tocados por ese alma, porque no recordarlo supondría negarnos nuestra vida a su lado.

Reinventarnos a nosotros mismos

Dicen que un día a la Candela,
la miró Pachamama,
que entonces vestía de madera oscura.
En sus ojos Pachamama,
le pintó la noche,
y el vértigo,
y el olor al café de la montaña.

(Cristóbal Sanmartín, *Pachamama*)

Cuando desaparece de tu lado a la velocidad de un chasquido alguien a quien tanto quieres, en quien te reflejas cada día, a cuyos comentarios y reacciones respondes tan familiarmente. Cuando esa persona que te miraba y te hacía sentir reconocida ya no está, ya no te nombra, ya no te toca, ni te hace sentir segura. Lo que suele pasar es que ya no sabes tan siquiera quién eres. Si además quien se ha ido era tu pareja, con quien no sólo compartías la cotidianidad del día a día, sino los momentos de ocio, las costumbres más íntimas, los planes, los amigos, lo que ocurre es que de pronto todo lo que hacías hasta esa fecha es vacío.

La tarea de reinventarse es cronológicamente de las últimas en hacerse. Si bien es verdad que ya desde un inicio tienes que empezar a hacer las cosas de diferente manera, llega un momento en que empiezas a querer volver a ser, aunque no esté ese alguien con quien te sentías feliz.

La persona fallecida desempeñaba un papel, estaba encargada de unas determinadas labores. Esas labores y ese papel que deberán ser suplidos por quien queda tras su partida. Por ejemplo, en una pareja donde uno de los dos se encargaba de las tareas domésticas, quien queda debe hacerse cargo de ellas. Realizarlas en sí no es doloroso, lo doloroso es tener que hacerlo porque la otra persona ya no está. Sin embargo poco a poco se aprende, y si no sabes o no quieres aprender deberás pedir a otra persona que te ayude o pagar por esos servicios. En nuestro caso, era Cris quien se encargaba del mantenimiento del coche. Cuando estaba enfermo y tuvimos que pasar la ITV (Inspección Técnica de Vehículos) dijo: "Si traigo el coche yo a la próxima revisión será una buena señal". Por eso en la siguiente ocasión, cuando fui yo quien acudió al taller, lo peor no fue hacerlo, sino saber por qué él no había podido hacerlo.

Reinventarse no es sencillo. Yo no quería imaginarme sin Cris a mi lado. Pero una vez hube reconstruido en mi duelo nuestra relación, me di cuenta de que la persona en la que me había convertido no podía ser explicada sin la huella profunda que él había dejado en mí. Reinventarme me permitió conocerme y supuso una apertura a una dimensión espiritual de mi existencia que desde entonces no ha dejado de ayudarme a crecer, y gracias a la cual ese mundo que veía sólo en blanco y negro no sólo ha recuperado su color, sino que además se ha enriquecido con los matices de nuevas tonalidades.

22.- HERRAMIENTAS QUE ME HAN SIDO ÚTILES

La tierra ha dado tres vueltas alrededor del sol.
La primavera dio pie al verano que llegó,
necesario para el otoño que trajo consigo al invierno.
Y así se han sedimentado las estaciones,
una sobre otra,
una y otra vez,
conformando este manto para la primavera de ahora.
Estas estaciones no las has conocido
como yo las conozco.
En las otras estaciones que vinieron antes que éstas,
alzabas tu mano ansiando la mía.
Mi mano que siempre encontrabas,
aquella que te daba paz.
Ahora es la mía
la que ansiosamente te busca
en el aire que no te alcanza.
Apiádate, amor mío,
permíteme que te sienta.

(Candela Escribá, *Estaciones*)

Durante mi propia experiencia he encontrado herramientas y recursos que me han ayudado en mi proceso de duelo y en todos los aspectos de mi vida. Los comparto como una referencia que se puede tomar pero no como algo que debe hacerse, porque (es importante insistir en ello) lo que a unos les sirve a otros no. Si crees que también pueden serte útiles a ti, simplemente tómalos.

Escribir

Escribir acerca de nuestra experiencia es importante. Una y otra vez, para que no se quede sólo en los pensamientos, en la mente. Contar hasta que ya no sientas esa punzada cuando recuerdes lo que te duele. Escribir obliga a tomar cierta distancia para que exista una coherencia cuando cuentas la historia. Es una maravillosa terapia porque no hay censura, ni juicio, sólo tú con tu historia.

Desde niña siempre he usado diarios, unas veces he sido más activa en la escritura y otras menos, pero es algo que me ha resultado familiar. De ahí que desde el momento del diagnóstico de Cris comenzase a transformar mis pensamientos en notas que iba escribiendo en libretas. Cuando no podía hablar con nadie escribía. Luego, cuando entré a formar parte de la asociación Caminar, me encontré con que también allí la escritura sobre determinados temas se consideraba un recurso esencial. Volví a escribir poesía, sin grandes aspiraciones, sólo para expresar emociones de la manera más directa que podía, con imágenes y metáforas. Hasta llegar a plantearme que quizá podría escribir no sólo para ayudarme a mí sino también para ayudar a otras personas que pudiesen reconocerse en lo que yo contara, y de ahí surgieron estas páginas que ahora escribo.

Si transitas en el camino del duelo te recomendaría que buscases la manera de expresarte. No importa si escribes mejor o peor, si tienes faltas de ortografía o no, pero exprésate. Quizá tu manera de expresarte sea pintar, dibujar. Habla con alguien que te haga sentir escuchado. Encuentra tu voz, pero busca la manera de que tu historia no se consuma en ti, que no te consuma. A mí escribir me ha permitido abrirme a un dolor que de otra manera podría haberse enquistado en mí.

Lecturas

Al mismo tiempo entender el duelo, la muerte y el morir es importantísimo. Para mí fue vital encontrarme con una biblioteca y sugerencias de títulos dentro de la asociación Caminar. Por mi experiencia hay dos tipos de lecturas que pueden resultar especialmente útiles, los testimonios en los cuales nos podemos reconocer y, por eso mismo, saber que lo que nos ocurre no sólo nos ocurre a nosotros, sino que es algo que ocurre. El otro tipo de lecturas son aquellas que explica lo que es el duelo. Saber qué es, las etapas, las emociones, pueden ayudarme a saber en qué momento estoy y cómo sobrellevarlo de mejor manera. Autores como la doctora Elisabeth Kubler-Ross o Viktor Frankl han sido fundamentales para aproximarme al tema.

Kubler-Ross habla sobre los enfermos terminales. La labor de especialistas como esta psiquiatra suiza ha ayudado a que los cuidados paliativos cobren más importancia hoy en día. Hasta entonces a los pacientes terminales se les dejaba solos en los hospitales, pero ella consideró importante acompañarlos en su proceso de tránsito. Estuvo a su lado, escuchó sus miedos, su rabia… Concluyó entonces que estos pacientes pasan por unas determinadas fases: 1) *shock;* 2) negación; 3) depresión, indignación y rabia; 4) negociación y 5) aceptación. Además se dio cuenta de que la mejor medicina para estos pacientes era sentirse acompañados, para lo cual las personas de su entorno deben saber escuchar sin juicios, aceptar, permanecer a su lado y comunicarse. Gracias a propuestas como las suyas los cuidados paliativos están cobrando más relevancia hoy en día. No sólo es importante "salvar" al paciente para que siga viviendo, sino también que el tiempo que viva lo haga en las mejores condiciones.

Lo que he ido leyendo sobre esta cuestión me ha confirmado que el acompañamiento que hice con Cris fue el adecuado: estuve con él, acariciándolo, tocándolo y dándole permiso para que se fuese. No murió en casa, pero hice de aquella habitación de hospital donde se respiraba amor y paz lo más parecido a un hogar. El amor con el que Cris se fue, poco a poco, aceptando que había llegado su momento, llamando a su madre y a los ángeles del cielo, perdonando y pidiendo perdón, le permitió irse en paz.

La doctora Kubler-Ross también estudió las Experiencias Cercanas a la Muerte (ECM). Registró la experiencia de pacientes que habían experimentado una muerte clínica y después habían vuelto a la vida. Los relatos de todos ellos presentaban una línea argumental muy semejante, con ligeras variaciones según los casos: la persona fallecida sale flotando de su cuerpo, experimentando una salud total (si era invidente, ha recobrado la vista; si sorda, la escucha, y no siente la dolencia que ha provocado su muerte); puede ir a cualquier parte a la velocidad del pensamiento; se encuentra con familiares ya fallecidos, guías espirituales o deidades que lo acogen; atraviesa un túnel al final del cual se ve una luz; toda su vida desfila ante sí en unos minutos. Y una conclusión importante: todos ellos venían transformados de esa experiencia y dejaban de temer la muerte.

Es indudable que estas experiencias pueden tener múltiples explicaciones, pero lo que está claro es que ocurrir, ocurren. Las hipótesis más extendidas son, o bien que haya vida después de la muerte, o que el cerebro provoque todas estas sensaciones. Personalmente, me inclino más por la primera que por la segunda, aunque no descarto que ambas puedan darse, pero no hablo aquí desde la ciencia, sino desde lo que creo y he tenido la oportunidad de vivenciar. Lo que pasa es que mis vivencias son personales y en ciencia los resultados deben ser verificables empíricamente y repetirse en cada comprobación. En este caso, de momento, esto no puede ser así. Mis vivencias me convencen a mí y me dan certezas a mí. Tampoco siento la necesidad de demostrar si lo que creo es cierto o no, pero respeto los testimonios anteriores fruto de la experiencia de otros y he comprobado a través de la mía propia los beneficios que proporcionan la lectura y la escritura y el aprender a expresar y a escuchar.

Viktor Frankl también me ha ayudado a entender que una persona se puede sobreponer a cualquier cosa que le pase siempre que le encuentre un sentido. El doctor Frankl, también psiquiatra, judío de origen austríaco, fue prisionero en varios campos de concentración durante la Segunda Guerra Mundial, experiencia que recogió en su libro *El hombre en busca del sentido*, muchas de cuyas reflexiones han contribuido valiosamente en la elaboración de mi duelo. Por ejemplo, que preguntarse "por qué" no conduce a nada, mientras que si nos preguntamos "para qué" nos convertimos en sujetos activos y responsables de nuestras propias vidas, lo cual constituye la base de nuestro empoderamiento. Hay cosas en la vida que nos pueden ocurrir y que no podemos controlar, pero sí podemos buscar y encontrar su sentido, que no necesariamente será "El Sentido de la Vida", sino simplemente algo a lo que acogerse en un momento dado. En los campos de refugiados ese sentido era sobrevivir. En mi duelo, que mi dolor sirva para acompañar en el suyo a otras personas que sufren una pérdida y que mi experiencia me capacite para saber cómo paliar ese sufrimiento al que también yo he debido enfrentarme.

Anji Carmelo, escribe también sobre el duelo, principalmente sobre las emociones que podemos encontrar en el inicio. Nos conduce a abrirnos al dolor y sentirlo, porque es importante para poder avanzar. Sus libros *Déjame llorar* y *Camino de héroes* han sido de gran inspiración.

Ejercicio

Lo que me pedía el cuerpo en muchas ocasiones era quedarme en casa y narcotizarme con la televisión. No deseaba moverme, no deseaba arreglarme. Sólo quería que el tiempo pasase, que todo pasase. Cuando me descubría así me daba cuenta de que Cris no quería eso para mí, él, que había sufrido tanto porque su cuerpo no le respondía, y el mío funcionaba a las mil maravillas. Entonces, a veces, cogía su ropa de deporte y me la ponía aunque me estuviese gigante y me iba a correr.

El duelo se manifiesta físicamente. Es como si nos hubiesen pegado un golpe en el estómago y nuestra respiración se volviese superficial. No nos apetece comer. No dormimos. No nos apetece vestirnos. En realidad no nos apetece vivir. Pero es importante responsabilizarnos de nuestra vida. Imponernos rutinas, no muy rigurosas pero sí que creemos hábitos, que no nos dejemos morir. A veces todo se nos puede volver cuesta arriba, pero es importante poner conciencia en el cuidado de uno mismo, es nuestra mayor herramienta para integrar un duelo. Y para ello es clave el ejercicio. El yoga, correr, ir al gimnasio, andar, nadar… Estas actividades nos van a sacar de casa, a ayudar a dirigir la atención hacia otras cosas, nos pueden posibilitar que conozcamos a gente nueva, van a permitir que lleguemos cansados y durmamos mejor, sin recurrir a la farmacología, a oxigenarnos (muy importante para la salud de nuestras células y de nuestro estado de ánimo) y a abrir el apetito.

También podemos aprovechar para dejar hábitos perjudiciales como el tabaco o el alcohol, que en el proceso de duelo se pueden agudizar en el caso de que nos abandonemos.

Pasar por un duelo es un proceso que nos exige un compromiso con nosotros mismos. Es cierto que mi principal motivación cuando me iba a correr o me cuidaba no era yo, simplemente me parecía una falta de respeto hacia Cristóbal que yo me dejase morir, una falta de respeto porque él deseaba vivir y la vida no se lo permitió. Él deseaba disfrutar de su cuerpo pero la enfermedad lo convirtió en prisión.

En este proceso hemos de aprender a reconocer lo que necesitamos. A veces debemos hacer caso a lo que nos pide el cuerpo, pero otras nos conviene ser disciplinados. Es importante habituarse a unos horarios, unas rutinas (sencillas, con objetivos muy concretos para no desmotivarnos), quedar con amigos o amigas para andar, hacer senderismo, ir a la piscina. Lo que vaya más con nuestros gustos.

Poco a poco integraremos esta rutina como un hábito y aprenderemos a cuidarnos.

Meditación

A quien no la haya practicado nunca, quizá esto de la meditación le parezca algo raro, sólo alcance de unos pocos iniciados o de personas con un elevado anhelo de realización espiritual. Sin embargo es algo muy natural y si realmente nos escuchásemos nos daríamos cuenta de que el mismo cuerpo nos lo pide. Lo que pasa es que para escucharnos debemos estar en silencio, en silencio con nosotros mismos, detenernos y dedicarnos unos minutos.

Vivimos en un mundo convulso, llenos de planes para el futuro y recuerdos del pasado. Las personas que meditan por primera vez se suelen dar cuenta de la cantidad de pensamientos que se les cruzan por la mente y de los que normalmente no son conscientes. La finalidad de la meditación no es poner la mente en blanco, como algunas personas creen, sino aprender a escuchar la mente sin aferrarse a los pensamientos. Verlos pasar. Si queremos, ponerles una etiqueta (pensamiento de "tareas pendientes", "recuerdo triste", "incómodo"…). Observar con curiosidad sin identificarte. Ser consciente de que los pensamientos pasan y de que yo, lo que sea que sea yo, permanezco. También me permite darme cuenta de las tensiones en mi cuerpo y de las emociones en las que estoy instalada.

Para llegar a esto hay varios tipos de meditaciones. Unas que nos conectan con el aquí y el ahora, por ejemplo el seguimiento de la respiración y de su recorrido por el cuerpo, o también aquellas meditaciones que inducen a emociones creativas y positivas.

Yo practicaba la meditación antes incluso de conocer a Cristóbal. Creo que practicarla me hizo ser muy consciente durante su enfermedad de lo que estaba viviendo. Al mismo tiempo me permitió estar centrada, y gestionar mejor mis emociones y mis sentimientos.

Una vez fallecido Cristóbal, esta herramienta también me acompañó. En mi duelo me ayudó ser consciente de las emociones que sentía, a ponerles nombre. Así llegué a darme cuenta de que la rabia que sentía no era tal, sino en el fondo un sentimiento de culpabilidad por haber permitido a ciertas personas que no respetasen la memoria de Cris. O de que lo que me dolía no era su rechazo hacia Cris, sino el que sentían hacia mí por no haber comprendido mi amor por él. Es importante ser consciente de todo esto porque te permite trascender esas emociones, puedes perdonar y perdonarte.

Dentro de esta práctica, también me ha sido útil la atención plena. Ser completamente consciente de lo que haces en cada momento. Si comes, comes (no ves la tele, ni hablas, estás plenamente en el acto de introducir comida en la boca y masticarla); si cocinas, cocinas; si barres, barres… Puede parecer una tontería, pero no es habitual hacer esto y evitar que los pensamientos te arrastren hacia un lugar que no es tu presente. Hacer esto nos conecta con el presente, con el ahora. Nos devuelve poco a poco a la vida. Vivir plenamente el momento. Esta práctica ayuda sobre todo a aprender a no angustiarse por un futuro que todavía no ha llegado y a liberarte de un pasado que ya no existe. En cierto sentido, volver a la virginidad del papel en blanco, saber reinventarnos todos los días.

El término de atención plena lo había escuchado hacía mucho, con mi profesor de yoga. A veces íbamos a las siete de la mañana a la playa y caminábamos por la orilla del mar con la intención de dejar la mínima huella posible. Él decía: "A ver cómo hacéis para no dejar huella". Entonces respirábamos pausada y profundamente y nos hacíamos plenamente conscientes de nuestro peso, de cómo cambiaba de pie, y de cómo éste iba apoyando desde el talón hasta la punta.

Más tarde, una de mis mejores amigas, Esther, profesora de taichí y de yoga, me empezó a hablar sobre un curso de *mindfulness*. Después me explicó que consistía sencillamente en aplicar la atención plena en la vida diaria. Esa primera vez este término novedoso me pareció sólo un nombre en inglés que no volvería a escuchar. Sin embargo cuando Cris enfermó, la psicóloga le habló del *mindfulness* como una manera de convivir con la enfermedad, de poner atención en todos los momentos, sobre todo los agradables. Y cuando él falleció, en el centro budista cercano a mi casa ofrecieron un curso de *mindfulness*. En ese momento ya ese nombre me era tan familiar que no me pareció casualidad que esta práctica regresase a mi vida. Así que me matriculé. Un par de meses después, se ofrecía desde la asociación de Viktor Frankl un curso de *mindfulness* enfocado al duelo. Como ya he comentado en alguna ocasión, mi actitud se hizo más abierta hacia lo que la vida me pudiese ofrecer en cada momento. Fue un regalo que me hacía la vida para ayudarme a transitar en mi duelo.

Hablar de ello con las personas adecuadas

Mi pérdida es mía, me pertenece. Es única y exclusiva, como lo era Cristóbal para mí. Mi pérdida no puede ser llenada, mucho o poco, por nuevos encuentros. Es imposible sustituir ese alma que me ha mirado y reconocido, que me ha transformado y me ha hecho experimentar tantos sentimientos, y con tantos matices e intensidades, que ni siquiera los dioses serían capaces de imaginarlos. Esa audacia fue compartida por nosotros, Cristóbal y yo, en exclusiva. Ese alma que no sólo me cambió en aquel presente que fue el nuestro, sino también en mis paisajes anteriores a él; y esa adolescente solitaria y triste empezó a sonreír en espera de su llegada. Cambió mi juventud, llena de desilusiones sin sentido que, ahora entiendo, me preparaban para afrontar este último sinsentido.

Mi pérdida no puede ser llenada pero sí acompañada por aquéllos que han vivido otras pérdidas, quienes entienden que de repente la vida te arrebata lo que considerabas tuyo, tanto que ni sospechabas un futuro sin planes junto a él. Tan tuyo como tus brazos, tus piernas o tus ojos. Y ahora los ojos sólo distinguen la escala de los grises, los brazos no tienen a quién abrazar y las piernas son absurdas cuando no tienen un destino a dónde ir. Tan tuyo que perderlo te hace sentir perdida. Tan tuyo que sin él dejas de ser tú, dejas de saber quién eres. Tan tuyo que sientes que si él se ha ido tú también te irás, y no te importa.

Y es por eso que, desde ese desgarro tan único y difícil de explicar, hallar un lugar donde existen personas con desgarros tan únicos y exclusivos como el propio logra arroparte, liberarte del silencio asfixiante que supone no poder compartir tu dolor sin sentir miedo a herir o a que te hieran, miedo a los malos entendidos o a los entendimientos a medias.

Dicen que las perlas sólo crecen en las ostras heridas, y es verdad, porque yo he encontrado a las personas más hermosas cicatrizando almas desgarradas, dando ejemplo y mostrando la fortaleza necesaria para volver a vislumbrar algún color, dándote abrazos cuando los necesitas y haciéndote sentir que siempre merece la pena volver a CAMINAR.

(Candela Escribá, *Caminar*)

Y es que es tan reconfortante hablar y sentirte entendido, saber que no estás sola, que no estás solo. A veces, cuando escucho a alguien hablar de su pérdida, al poco de entrar en la asociación, y se siente escuchado pero no juzgado, cuando comparte esos pensamientos tan oscuros y ve al mismo tiempo, en la cara de los demás, que eso que le cuesta tanto decir los otros también lo han sentido y lo reconocen, cuando pasa esto, se ve que alguien que desde hace mucho contenía su aliento por fin vuelve a respirar.

Y es que no necesitamos que nos digan cómo vivir nuestro duelo, porque cuando eso ocurre sabemos que quien nos lo dice tal vez no sabría vivir el suyo si lo sintiese. Ni las frases de costumbre vacías de cualquier significado. Y sin embargo, qué bien viene el abrazo de quien te comprende. Son abrazos especiales. Te quedarías refugiado allí durante un tiempo, por eso esos abrazos suelen ser largos. Es bonito en esos momentos poder compartir el dolor, las almas están desnudas, están a la vista y se sienten las unas a las otras, nos desprendemos de las máscaras que hemos almacenado durante toda nuestra vida y también de las nuevas adquiridas con el duelo.

Lo que hay que entender, y eso cuesta mucho al principio porque el dolor lo inunda todo, es que a las personas no les gusta ver el sufrimiento, les incomoda, no saben qué decir o cómo comportarse, cuando vemos a alguien sufrir queremos que eso pase pronto. Ésa es la razón por la que se llena la boca de convencionalismos, de consejos, incluso se puede decir algo así como "sé cómo te sientes", o tratar de decir en qué puedes dedicar el tiempo y dar consejos para llenar el día de actividades y así no experimentar lo que se siente, para evitar el dolor. Si alguien ha transitado por el camino del duelo es más probable que sólo esté a tu lado para escucharte, porque sabe que lo que necesitas, muy probablemente, es que te escuchen. Te hace sentir que está a tu lado. Se ofrece para ayudarte en pequeñas cosas que en ese momento puede que no estés preparado para hacer. Comprende que no puede saber cómo te sientes, pero puede compartir el dolor propio que vivió y que puede parecerse al tuyo. Sabe que, a veces, más importante que las palabras son los gestos, el contacto y la comunicación no verbal. No acelerará el proceso del duelo, ni se atreverá a darte consejos. Y te hará saber que puedes contar con ella cuando la necesites.

Suele ocurrir que socialmente el proceso del duelo pasa mucho antes que el duelo personal. A los tres meses, más o menos, las personas entienden que te habrás hecho a la idea y que estarás mejorando. Nada más lejos de la verdad. Los primeros meses todavía no has entendido emocionalmente lo que ha pasado. Racionalmente sí, pero el corazón y el cuerpo están acostumbrados a que la otra persona esté y por eso se hace necesario que pase algo de tiempo para comenzar a darte cuenta de la gran trascendencia que a partir de ahora va a tener esa partida para ti, lo mucho que echas de menos las caricias, la voz, la mirada… Pero entonces, cuando es probable que necesites hablar y sentirte acompañada, los demás no estarán tan disponibles como en los primeros días porque ya "debes" estar bien, mejorando. Puedes apreciar que incomoda si sacas el tema, o si cuando te preguntan cómo estás respondes que mal. Te empiezas a acostumbrar a salir a la calle con una máscara del "estoy bien", y sin embargo estás empezando a saber lo mal que estás.

Yo tuve la suerte de contar con amigas con mucha sensibilidad y empatía, que habían sufrido alguna pérdida, aunque no fuese la pérdida de la pareja. También he tenido amigos que me han hecho saber que estaban ahí, que me han escuchado y con los que me siento sumamente agradecida. Dejarse mimar, abrazar y sentirse querida, es una de las mejores cosas que me han pasado a raíz de mi pérdida. Pero la escucha activa la he sentido de una manera única en la asociación Caminar, con sus grupos de apoyo mutuo. Han sido un gran aliado para suplir la necesidad de hablar de mi dolor y sentirme comprendida. Sobre todo cuando el dolor parecía una carga que debiera llevar yo sola. Nadie puede hacer este camino por mí, pero es muy distinto vivirlo sintiéndote acompañada.

Creencias

Mis creencias han sido construidas a lo largo de una vida. Educada en las costumbres de la tradición católica, ya en mi adolescencia había muchas doctrinas que me parecían contradictoras. Percibía mucha hipocresía en la Iglesia y también pensaba que era una institución que controlaba a la gente con su poder. Pronto las lecciones de la catequesis me parecieron cuentos para niños, cuentos que se basaban en la fe y no respondían a las preguntas importantes, centrándose en el juicio y control de conductas humanas etiquetadas como pecados y, que en su mayoría, me parecían de lo más normales. Sin embargo, me encantaba la filosofía, preguntarme sobre el sentido de la vida y nuestra propia trascendencia.

Con la juventud me volví más nihilista. Pensaba que estábamos aquí por puro azar y que, realmente, el hombre era un cáncer para la tierra. Para mí sólo era real lo que se pudiese ver, contrastar, medir. Tratar de terminar mi licenciatura y disfrutar del presente se convirtieron entonces en el único sentido de mi vida. Esta manera de ser y vivir se hizo más intensa con los años, almacenando vivencias que sólo venían a confirmar mi modo de ver el mundo. Me fui convirtiendo en una persona cada vez más pesimista y cínica. Pero en un momento dado fui consciente de que realmente lo que yo percibía del mundo exterior era lo que manifestaba de mi mundo interior, vivía como anestesiada por mis propias emociones y ni siquiera sabía quién era. En el fondo intuía, aunque no lo quisiese reconocer, que no poder ver lo invisible no significa que no exista. Mis propios sentimientos eran invisibles, sin embargo existían aunque yo tampoco les prestase atención. Hubo un día, no sé cuándo exactamente, ni por qué exactamente, en que decidí prestar atención a lo no visible. Supongo que estaba saturada de ir ciega por la vida y mi naturaleza de buscadora de la trascendencia me llevó a ser más observadora. Abrir los ojos a señales, a sueños, a emociones. Empezaron a pasar cosas y busqué en la espiritualidad, pero esta vez no a través del convencionalismo sino de una búsqueda consciente. Escuché, leí, investigué sobre prácticas espirituales y religiosas, aprendí a quedarme en silencio y a escucharme, a saber practicar la atención consciente en mi vida, sabiendo que se trata de un trabajo individual, libre y constante. Me he ido liberando con el tiempo de la necesidad de justificar la búsqueda de esa Verdad, que a la vez sé, desde mi experiencia como ser humano, siempre será relativa. Como sé también que lo que yo creo no tiene más valor que la interpretación que he hecho bajo mis limitaciones de toda mi experiencia y de esa búsqueda.

Hablar de la verdad absoluta es absurdo, por eso hablo de verdades. Por ejemplo, dentro del pensamiento científico se llega a entender el paradigma de la materia, pero se trata de un entendimiento incompleto, porque siempre ante una hipótesis confirmada aparecen muchas por confirmar. Está bien entender la realidad de la materia, tangible, mensurable, pero hay otra realidad: ésa que nos hace ver la vida de una manera personal y, si somos conscientes, responsabilizándonos de nuestras propias creencias. La forma de ver el mundo va a condicionar nuestra experiencia humana. Por tanto, si sabemos que esto es así y que podemos hacerlo, por qué no elegir ser felices, vivir una experiencia basada en el amor y no en la desconfianza, el miedo, la rabia o el rencor.

Mis creencias me han ayudado a afrontar la pérdida de Cristóbal, están fundamentadas en esa búsqueda que empecé antes de conocerlo, y le han dado un sentido a esa pérdida. Cuando se logra verle un sentido, es más fácil aceptar una realidad que no hemos elegido, sino que nos ha elegido. No desaparece el dolor, el dolor se ha de pasar, se ha de vivir, ni puede ni debe evitarse. El entendimiento de que las cosas no ocurren por casualidad, la comprensión de que existe una finalidad última y que esa finalidad es permitir sacar lo mejor de mí, ha hecho que sobrelleve el duelo de una manera constructiva, creativa. Comparto mis creencias no con la idea de convertir o convencer a nadie. Creer o no creer en una vida después de la vida es algo muy personal, las dos opciones son sistemas diferentes de creencias y son las creencias las que van conformando las distintas interpretaciones de la realidad de cada uno.

No hay dos visiones de la vida iguales aunque, a priori, se crea en lo mismo y, por eso, existen tantos universos como personas. Se ha de tener claro que las creencias ni son verdaderas, ni son falsas: son útiles o no. Por ejemplo, una persona con depresión, cree que todo es malo, negativo y nada tiene sentido. La respuesta a esa manera de ver el mundo, con frecuencia, es la indolencia. Una persona alegre, es más probable que mire al mundo con una ilusión, con un sentido. Estas dos personas interpretarán el mismo hecho de maneras totalmente diferentes. Así que tomarse el trabajo de investigar en qué cree uno y qué es lo que le aporta en su vida, es una tarea interesante a la hora, primero de vivir y segundo, de afrontar una crisis. Cuando uno se toma ese trabajo en serio ya no dirá eso de "yo soy así y no puedo cambiar", quizá diga: "hasta ahora me he comportado así y no me gusta. A partir de ahora haré el esfuerzo de darme cuenta cuando me pasa esto para que, en la medida en que esté capacitado, pueda responder de manera diferente".

La manera en la que yo interpreto lo que me ha pasado me ha sido útil, simplemente eso. Al mismo tiempo he tenido ciertas vivencias personales que han confirmado esas creencias y me las han transformado en certezas. Esas certezas sólo me sirven a mí, porque cuando las comparto, otras personas, en el mejor de los casos, me podrán creer, es decir, mis certezas se convertirán de nuevo en sus creencias.

¿En qué creo? En nada en concreto, no es ninguna religión en particular y además me siento libre de cambiar de opinión en cualquier momento. A veces nos tomamos demasiado en serio a nosotros y lo que pensamos. Nos tomamos tan en serio que somos inflexibles y no nos permitimos escuchar a los demás, entender otros puntos de vista. Si nos tomásemos menos en serio, sin la necesidad de tener razón, escucharíamos más y así podríamos integrar otras cosas que nos pueden funcionar, o bien decidir con más criterio no compartir las que no nos funciona. Para mí es bonito el gran misterio de lo que puede haber detrás de todo lo que no sabemos. Así que no voy a decir que lo que yo creo sea la verdad, sólo que abrirse a esta posibilidad, si algo de lo que digo es interesante o te llama la atención, puede servirte para cogerlo, investigar, mirar si le puede servir a tu vida. Si no es así, déjalo marchar, con seguridad esto no lo necesitas en la realidad que estás viviendo en tu ahora.

    ¿Cuál es mi manera de entender el misterio que nos circunda? La mejor manera de explicarlo es hacerlo con un ejemplo, así que para ello vamos a imaginar que lo que digo es cierto. Si jugamos un juego de rol y perdemos la consciencia de que estamos jugando, realmente nos creemos que lo que vivimos es la verdad. Las espadas mágicas del juego de rol serán reales y me olvidaré de que yo, simplemente, estoy jugando, me identificaré con el personaje. Los científicos se basan en el mundo de los sentidos para explicar la realidad. Las cosas han de ser mensurables, repetibles, se deben poder tocar, pero claro, bajo la premisa de que el mismo científico estuviese metido en el juego de rol que él mismo se cree ¿qué es la realidad? Si recordamos la película *Matrix,* en ella la humanidad cree que vive en la realidad pero son sólo sueños programados por una computadora. Es la misma idea que en el hinduismo llaman "Maya", el mundo de la ilusión. Si entendemos que la vida es como una obra de teatro, cada uno con su papel que representar pero que no es la realidad, nuestra concepción de la vida cambia, posiblemente no viviremos nuestros dramas tan en serio y quizá nos divertiríamos más.

Pero voy a tratar de explicar un poco más como sería este juego de la vida. Imagina que eres un ser que has decidido jugar una partida en un juego llamado *Human Experience.* Conocemos juegos en los que se te dan unas gafas en 3D o un mando o incluso unos sensores que recogen tus movimientos, pero este juego es muchísimo más avanzado. En el *Human Experience* lo que te proporcionan es un cuerpo humano con todo integrado. Si todos los componentes del cuerpo humano (*hardware*) funcionan, tendrás un par de ojos que recibirán unos estímulos decodificados por un cerebro en una serie de colores, formas, luces, haciéndote tener una percepción nítida del mundo. También tendrás unos oídos que si funcionan bien captarán los sonidos que el cerebro interpretará. También tendrás la boca, con la que podrás emitir sonidos y comunicarte (aunque no es imprescindible porque hay comunicación no verbal), unas piernas con las que desplazarte y unos brazos con sus respectivas manos para hacer cosas. Antes de empezar a jugar al *Human Experience*, decides qué pruebas vas a pasar durante la partida. Decides si quieres una sencilla o una más complicada, y pactas con otros jugadores los roles que vais a tener cada uno. Unos serán apoyo en momentos necesarios, como comodines en la partida. Otros vendrán a retarnos para darnos la oportunidad de evolucionar en el juego, haciéndonos aprender algo que necesitamos recordar. ¿El objetivo? Experimentar el amor desde la experiencia humana. Pero no cualquier amor. No el amor condicionado a que seas mi amigo, mi pareja o mi hijo, sino otro más profundo y extensivo, el amor incondicional. El juego es complicado porque cuando comenzamos la partida llevamos una gran bolsa de ego a las espaldas que nos limita, que nos hace olvidarnos de que todo esto es sólo un juego que nos hace creer que soy sólo ese personaje con ese cuerpo. Esas interpretaciones y esos pensamientos me harán juzgar y juzgarme, sentir miedo, rabia, vergüenza... Poco a poco, con las pruebas y con ese desprendernos de las máscaras de nuestra personalidad impuesta, nos vamos dando cuenta del juego en el que vivimos y llegamos a ser conscientes de que sólo existe una cosa real, el Amor que vivimos, porque todo lo demás muere, se destruye, cambia, pero el verdadero Amor permanece. El ego se nos instala con el *software* cuando nacemos. Bajo esta perspectiva, morirse sólo implica dejar el traje y todos sus condicionantes, pero aquello que somos realmente no muere. Por tanto existiría una vida después de la vida, pero otra antes de la vida, porque la muerte, sencillamente, no existe. Muchas veces, cuando la prueba que hemos decidido vivir es muy dura, como la muerte de un ser querido nos mueve el deseo de despertar. Está claro que mientras me divierto no quiero dejar de jugar, pero en esos momentos de crisis existenciales, en ese momento en el que el juego deja de ser divertido, es ahí donde todo lo que el ego se ha montado como explicación de la realidad y de la propia persona, se empieza a desquebrajar, y también es ahí donde tenemos la oportunidad de darnos cuenta que todo es un juego, y a lo mejor esa persona que ya no esté en la partida siga estando de otra manera. Verlo así me ha hecho tirar hacia adelante, no sé cómo habría recorrido mi camino si hubiese tenido otra mirada.

Siguiendo con el ejemplo una enfermedad puede ser sanadora, aunque no curativa porque se puede no curar el cuerpo pero sanar el alma. Todos tenemos almas heridas por nuestro ego, porque a éste no le importa herir el alma siempre que él sobreviva, al ego le da miedo morirse y tratará de salvarse como sea, haciendo todo lo posible para que no experimentemos el amor incondicional, ya que en esa comprensión él ya no tiene sentido, ya no sientes la distancias que nos separan a los unos de los otros, ya no tiene sentido definirte con un nombre, una cultura o una interpretación del mundo.

En este sentido, para mí Cris sanó en gran medida su alma de todo el sufrimiento que tuvo que vivir en esta vida, con sus cargas de orgullo y de rencor. Pudo, gracias a la enfermedad, pedir perdón y, sobre todo, perdonar a todas esas personas que le habían hecho sentir tan mal, cuando era, según sus poemas, el hombre invisible. Aprendió a despegarse de su orgullo y quedarse con lo que más importaba: el amor. Yo tuve el privilegio de acompañarlo por todo ese periplo, por los miedos, incertidumbres, certezas, desconsuelos, consuelos y, sobre todo, vivir el amor de esa manera tan bonita en la que aprendimos.

Porque, aunque puede sorprender esta afirmación, acompañar a una persona que va a hacer el tránsito hacia ese misterio que nos envuelve, es todo un privilegio cuando se hace con plena consciencia por parte de ambos. Por eso, cuando él nombraba a su madre, sé que ella estaba allí y que lo ayudó a dejar esa cáscara-cuerpo. Siento que al irse con plena consciencia no se extrañó sino que disfrutó finalmente de la experiencia, aunque para ello tuviera que dejar ese cuerpo agonizante. Realmente lo sentía a mi alrededor el día en que falleció, lo sentía bailando en el tanatorio, tratando de hacerme reír y yo respondía con la sonrisa de saberlo libre, de que lo mejor que podía hacer por él en ese instante era dejarlo volar.

De dónde están, de cómo están, poco sé. Si se me pregunta si se puede percibir, mi respuesta es que se puede. A veces es una emoción, una sensación familiar. De hecho para los psicólogos y psiquiatras es normal sufrir este tipo de "alucinaciones" en el proceso de duelo. Puede parecer que lo ves de soslayo, o tener sueños vívidos u oler su aroma… En la mayoría de los casos estas vivencias no se viven de manera negativa, sino como su modo de hacernos saber que están bien. ¿Cómo te puedes sentir mal con una caricia, o un olor agradable, o un sueño en el que la persona amada te hace saber que está bien? En este momento yo no hablo de creencias, es algo que trasciende una creencia, y por eso utilizo la palabra vivencia. Poco me importa que otras personas traten de ponerle otro nombre o busquen otras interpretaciones a lo que yo he vivido. Yo siento la completa certeza de que Cris sigue siendo y está bien, poco más sé, pero eso lo sé con claridad. Lo comparto con aquéllos a quienes pueda ayudar mi vivencia, pero esa certeza no la da una creencia, una creencia puede abrirnos a la posibilidad de que pase este tipo de cosas, aunque no es imprescindible tampoco.

Hay personas que perciben estos fenómenos de forma nítida, sin la necesidad de pasar por un proceso de duelo y viven constantemente este tipo de experiencias. Tengo amigos a quienes, de hecho, les ocurre esto y son de mi más sincera confianza, amigos que no alardean de esta capacidad ya que la viven como una gran responsabilidad. En el símil del juego que he descrito antes, es como si en su *hardware* los participantes tuviesen gafas especiales que les permiten ver en lo invisible, sintiendo mucha responsabilidad sobre sus espaldas porque perciben cosas que los demás no ven. Esas cosas que ven, luego son interpretadas por su experiencia y sus creencias, de ahí que una mala o confusa interpretación pueda producir mucho dolor a quienes han perdido a alguien recientemente. Por eso, al menos las personas que yo conozco, suelen ser muy cautas a la hora de hablar de estas cuestiones. Muchas veces recibir "noticias" del otro lado puede ser tranquilizador, muy liberador según he sabido por boca de otros, y siempre positivo. Pero la certeza la he tenido cuando he sido yo la que he recibido de manera sutil las señales desde ese otro lado, desde esa habitación de al lado.

He escuchado a personas angustiadas porque les han contado que su ser querido no estaba donde tenía que estar, sino que continuaba ligado a quienes había dejado en este mundo, sin avanzar. A estas personas les diría que encuentren un espacio para ellos, en un lugar donde se sientan cómodos y seguros y que respiren. Que se pongan las manos en el corazón y que conecten con la emoción de amor que sienten por sus seres queridos. Es posible que desde ese lugar puedan sentirlos. Estoy convencida de que cuando los sentimos desde el corazón ellos están con nosotros, desde ese sentimiento de amor podemos conectar con ellos, y en esa conexión podemos preguntar y recibir respuesta, no en un plano mental, sino desde un lugar más profundo. Si aun así no se sintiesen más tranquilas, les diría que ellos nos ven y ven cómo nosotros afrontamos la vida. Seamos su ejemplo y vivamos en la luz, acordémonos de ellos con amor, hagámosles sentir queridos, que sientan que se fueron cuando les tocó, que lo hicieron bien. Para hacerles sentir eso primero tenemos que sentirlo nosotros, y para ello debemos hacer un trabajo muy duro de consciencia. Alguien de la asociación Caminar dijo una vez, que ellos no "bajan" donde estamos nosotros sino que somos nosotros los que podemos "subir" a donde están ellos y esto se hace desde la vibración más hermosa, la vibración del amor.

Ángel, un amigo y maestro, que fue mi profesor de yoga y que conoció a Cris en vida, me dijo una vez: "Tú piensas que Cris ya está iluminado porque se murió. Y es cierto que está muy bien, en un sitio rodeado de amor, pero se le quedaron cosas por aprender. Allí donde él está es muy difícil aprender. ¿Cómo lo va a hacer rodeado de tanto amor? Donde se aprenden las lecciones es en la tierra, aquí nos enfrentamos a retos todos los días, emociones negativas, obstáculos. Eres tú la que estás aprendiendo y eres tú la que con tu ejemplo puede hacer que él aprenda lo que no tuvo la oportunidad de vivir". Esto me sirvió de inspiración, porque yo había estado, a través de un sueño, en el lugar donde Cris estaba y sentí la aceptación plena y, sí, estaba guapísimo, como en el máximo potencial de su belleza y sabiduría, pero seguía siendo él. Evidentemente, se había liberado de todas las limitaciones de la vida humana, pero eso no quiere decir que hubiese aprendido todo lo que debía aprender y, si yo podía hacer que aprendiese lecciones sin necesidad de que tuviese que sufrirlas en la hostilidad de este mundo, que hiciese el "curso" a distancia en ese lugar tan hermoso donde estaba ahora, lo iba a hacer. Me parece que aprender a vivir la vida plenamente, con valentía y amor, era lo mejor que podía hacer por los dos.

Hago mucho énfasis en la necesidad de prestar atención a lo que sentimos nosotros mismos porque también es cierto que en crisis existenciales que nos ponen todo patas arriba, como las provocadas por la muerte de un ser querido, podemos estar muy vulnerables. Consultar a una persona que nos dé "noticias del otro lado" tal vez nos tranquilice, pues ansiamos saber, queremos entender lo que la mente no puede. Por eso no recomendaría hacer nada de lo que no esté seguro. Para mí es más importante aprender a conectar con nosotros mismos y con nuestras emociones, mediante por ejemplo el yoga o la meditación, antes de entrar de lleno en un mundo que desconocemos, repleto de personas que ofrecen ayudas mágicas pero incomprensibles. Si somos autosuficientes, si aprendemos a conectar con nuestro ser más profundo, todo este proceso se nos brindará de una manera muy natural. Revisar creencias, informarse de prácticas o de otras visiones de la vida es algo positivo siempre que no caigamos en fanatismos o dependencias porque, en definitiva, cada uno ha de ser responsable de su propia vida.

23.- RECONSTRUIR LA RELACIÓN CON CRISTÓBAL

Te abrazo en toda la infinitud de universos paralelos, porque eres mi constante. El punto de falso vacío en que me separe de ti es el mismo que el que me une a ti. No hay principio ni final, estoy abrazado a ti en un bucle interminable. Te quiero.

(Cristóbal Sanmartín, *SMS 17-12-2009*)

Una persona puede morir pero la relación que se tenía con ella no muere. Desde el inicio de su partida, en muchos de mis gestos de cada día había un recuerdo suyo, un pequeño homenaje. Cumplía con mi parte del trato viviendo la vida con lo que ella trajese.

Pasa, al menos a mí me pasó, que la ausencia en el primer instante no se entiende como tal. Desde la racionalidad yo entendía que Cristóbal había muerto, se había desprendido del cuerpo-cárcel, y era así. Sin embargo, mi cuerpo y mi corazón no lo comprendieron hasta mucho más tarde.

Me levantaba para ir a trabajar, para seguir con la rutina impuesta por la vida, aceptando lo que era inevitable. Trataba de hacerlo con todas mis fuerzas, me cuidaba, me mantenía activa… Sólo yo sé el esfuerzo que hice para que pareciese que era fácil, que no pasaba nada, que era fuerte. Al mismo tiempo me parecía absurdo hacer planes, ya que la vida me había demostrado que yo no era quien mandaba, que cuando menos te lo esperas ella toma las riendas y que las cartas con las que contabas en la partida son de pronto cambiadas, sin previo aviso, que esto pasa y que es así. Mi respuesta fue ir viviendo según me fueran viniendo las cosas, vivir sin forzar. Por eso cuando me surgió la oportunidad de cambiar de ciudad a los pocos meses de la partida de Cris no me lo pensé, lo hice.

Trataba de seguir adelante, pero nada me ilusionaba, seguía la inercia que me iba marcando el camino. Día a día, paso a paso. Y sí, ya estando en mi nueva ciudad me asenté en una nueva rutina sin él. Llegó un día en que empecé a entender que no iba a recibir el abrazo de su cuerpo, que ya no me iba a ver nunca más reflejada en su mirada. Para mí comprender este "nunca más estará" es de los momentos más duros que se vive en el duelo. Sí, conceptualmente se entiende la muerte y el que no vaya a estar, pero a la emoción le cuesta más. Y es que nuestro propio cuerpo empieza a entender que las caricias a las que estaba acostumbrado ya no serán. Se va olvidando de ellas.

Es curiosa la reacción del cuerpo ante la pérdida de un ser querido. En un principio pensaba que un duelo era un estado de ánimo, pero luego aprendí que un duelo es un proceso que iba a afectar a todo lo que yo era hasta entonces. Cambia la percepción de la vida, los colores, los sabores. La vida se ve en escala de grises, todo se vuelve descafeinado. Podía reír, pero no había risa, podía comer, pero no disfrutaba del sabor.

Al mismo tiempo mi pérdida me pertenecía sólo a mí. En esta nueva realidad que me había tocado vivir nadie había conocido a Cris, era como si no hubiese existido, y no poder hablar de mi dolor con alguien estaba empezando a hacer mella en mí y en mis relaciones cercanas. Lo que me hacía bien entonces era la relación que comenzaba a mantener con él desde lo simbólico. Para mí era importante ir a correr y ponerme su ropa de deporte. Todas las mañanas medito y pongo una pequeña vela que ilumina su foto, la que tengo al lado de la cama. Besar las alianzas que llevo colgadas al cuello, cuando me acuerdo de él si escucho de repente la música que a él le gustaba, cuando quiero que esté conmigo. Muchas veces esto es entendido como no querer avanzar, como apegarte a un recuerdo, y hay personas que pueden llegar a incomodarse si hablo de estas pequeñas "manías". Aquí no estoy hablando de momificar una habitación tal y cómo la persona la dejó. No estoy hablando de santificar todas sus pertenencias sin que se puedan tocar, todo lo contrario, hablo de normalizar la presencia de esta persona que tanto amamos en nuestra vida, sin que por ello dejemos de vivir.

Reconstruir una relación con Cristóbal no es actuar como si él siguiese vivo, negando su muerte física. Que esto ocurrió es un hecho que acepto. Pero que él no esté físicamente no significa que no esté. Está cuando recuerdo al hombre que me quiso, la sensibilidad humana encarnada en una persona, la ternura, la curiosidad, la atención en los pequeños detalles. Mi forma de ver el mundo está influenciada en gran medida por la manera en la que él percibía el mundo. Cuando soy consciente de eso, sé que él está conmigo. Cuando conecto con la manera que tenía de amarme, sé que él está conmigo. Cuando leo sus palabras y las siento, como él hizo cuando las escribió, sé que él está conmigo.

Por otra parte, cuando conecto con él ahora, desde su estado diferente al mío, lo siento de manera distinta a como lo sentía. No es el hombre que me quiso, su naturaleza es otra. El amor que siento cuando, por ejemplo, conecto con él en una meditación, es una emoción muy sutil y profunda, el amor que siento es más incondicional todavía, porque sencillamente lo amo, no porque sea mi marido sino porque en él vive el amor que yo siento, él es el amor que siento y eso vive en mí.

24.-EL PERDÓN

En carne viva
sangra la primera herida.
Abierta palpita.
Un nuevo dolor,
más sal en la primera herida.

Vida que pesa,
mientras pasa la vida.

(Candela Escribá, *La primera herida*)

Existe un relato sobre Buda. Estaba en su práctica de meditación cuando llegó un detractor espiritual en el momento de mayor concentración y comenzó a insultarlo, lanzándole tierra y escupiéndole. Buda se limitó a mirarlo con amor, pero sus discípulos reaccionaron violentamente, golpeándolo y lanzándole piedras. Buda les interrumpió y le agradeció al hombre haber proporcionado a sus discípulos un espejo donde reflejarse porque, a pesar de que él los había inundado con su amor, ellos habían respondido de la misma manera o con más violencia al agresor, demostrando así que no habían entendido las enseñanzas que trataba de transmitirles. Y acto seguido lo invitó a volver cada vez que desease, porque sería un estímulo importante para comprobar si realmente se está vibrando en amor o sólo es un engaño de la mente. Tanto el agresor como sus discípulos sintieron entonces la culpa. El agresor al día siguiente llegó suplicante pidiéndole perdón a Buda. Éste le dijo que él no podía perdonarlo porque quien ama no necesita perdonar, sólo lo necesita un ego herido, pero quien ve la unidad de las cosas no se puede sentir herido.

Este relato me parece muy bello, y creo que en la tradición cristiana sería parecido a lo de poner la otra mejilla. Desgraciadamente el mensaje de Jesús se ha desvirtuado mucho, y parece que es deber de una persona ser dócil para no pecar, como demostrando una superioridad respecto al que hiere. Pero el mensaje es mucho más profundo, si nos hieren es porque lo permitimos, percibimos una agresión a lo que somos y nos sentimos heridos. Sin embargo, mientras llegamos a esa consciencia búdica o crística de unidad con el todo, donde no nos sintamos heridos porque en el amor no hay ofensa, podemos utilizar una herramienta muy útil para cerrar las heridas. Esa herramienta se llama perdón.

Para poder perdonar es importante conocer nuestras heridas. Hay algunas que son obvias: un insulto, una agresión… Pero estas heridas a veces rememoran otras que quizá hayamos dejado escondidas bajo la alfombra de nuestro subconsciente.

¿Y qué pasa cuando no podemos perdonar? Pues que las heridas no se cierran, se quedan abiertas y no nos dejan vivir. La mente empieza entonces a encarcelarnos en su cháchara de "mira lo que me ha dicho… le tenía que haber dicho… es que siempre me pasa lo mismo… si es que de tan buena soy tonta…" y así hasta el infinito. Quizá una simple anécdota nos conecta con toda nuestra historia de drama personal y nos enganchamos a ese sufrimiento. El dolor no lo elegimos pero el sufrimiento sí.

He mencionado anteriormente que en estos momentos de ruptura con todo lo que hemos sido hasta entonces, cuando todo lo que tenía sentido deja de pronto de tenerlo es importante estar muy atentos a conocer nuestras propias emociones. La rabia o la culpa son emociones que aparecen frecuentemente en los procesos de duelo. En mi caso, experimenté la rabia en un momento dado cuando sentí que ciertas personas no respetaban a Cristóbal, ese gran desconocido. Desconocido en parte por su timidez, en parte por su orgullo. En su vida no parecía haber nada meritorio en un mundo donde las personas se miden por lo que tienen en lugar de por lo que son. Para apreciar la grandeza de Cristóbal, apreciar su dulzura, su sentido del humor, su gran sensibilidad, había que conocerlo. Me dolió que los prejuicios pesasen más que la confianza en mí, en lo acertado de mis decisiones. Esa rabia se manifestaba como dolor en el pecho y también en la garganta, y estaba relacionada con esa falta de respeto que le tuvieron en vida, con ese no querer conocerlo, con juzgarlo sin darle una oportunidad. Pero esa herida no era la herida primigenia, realmente sentía que no se me respetaba a mí, la decisión que había tomado. Indagando más en esa emoción comprendía que lo que sentía era un rechazo a lo que yo representaba, a mis decisiones y mi manera de ver y sentir la vida. Esa emoción era una herida antiquísima, algo que me di cuenta de que estaba latente en la persona que yo era. Y también me di cuenta de que yo reaccionaba rechazando a esas personas que me hacían sentir rechazada. Y todos sufríamos. Quizá esperase una disculpa que nunca iba a llegar, un reconocimiento de mi herida abierta.

Llegar aquí no es fácil. Hurgar en la herida duele. Pero es un trabajo de autoconocimiento que considero importante para poder cerrarla. Otra vez el ejemplo de Cristóbal fue importante para mí. Cuando falleció su madre, que no sólo era madre, sino amiga y confidente, se murió con ella lo que representaba el amor de la familia. Quedó sólo aquel padre ausente y despótico con el que desde la niñez tuvo una mala relación porque nunca se sintió amado por él, un hombre que tras la muerte de su esposa parecía que se había querido olvidar de su vida pasada construyendo una vida nueva. Su padre se casó al poco tiempo de enviudar, quizá fue la manera en la que supo sobrellevar el duelo, pero visto desde fuera parecía limitarse a hacer desaparecer las fotografías de la esposa que había en la casa, y a transformar ésta cambiando el aspecto de las habitaciones y convirtiéndola en una especie de museo donde nadie era bien recibido. Cris pronto sintió que sobraba, que una vez muerta su madre no le quedaba nada. Se apoderó de él un gran rencor hacia su padre por la rapidez con que aparentemente había rehecho su vida. Cambió de ciudad y trató de seguir manteniendo un mínimo contacto con su familia cuando nació su hija, pero lo perdió definitivamente cuando sintió que ese rechazo se proyectaba también sobre la niña, la persona a quien más quería. No lo soportó. Decidió dejar de llamar a su padre y que fuese éste quien si quería lo llamase a él. Nunca recibió esa llamada.

Años después, cuando lo conocí, pensé que era importante que volviesen a contactar de alguna manera, aunque sólo fuese por Navidad. Conseguí que llamase, pero nadie contestó, pues su padre vivía en otra casa. Lo vi aliviado cuando no le contestaron desde el otro lado.

También he narrado cómo hubo un momento en su vida en que empezó a trabajar con el perdón, un mes antes de que le diagnosticasen la enfermedad. Cris me mostró el significado del perdón cuando fue plenamente consciente de que lo que conocíamos como vida se limitaba en el tiempo. Desde que su padre y su hermano habían vuelto a estar de alguna manera en su presente, yo había tratado de mediar para que las cosas que lo molestaban fuesen vistas desde otra perspectiva. Cuando su padre se quedó aquella primera noche en el hospital y Cris pensó en la posibilidad de que aquel hombre lo quisiese a su manera, le di todos los argumentos posibles para que se aferrase a esa idea, a veces justificando comportamientos difíciles de justificar. En sus últimas semanas Cris sabía de lo inevitable de su partida sin necesidad de que nadie se lo confirmase. De pronto pasó a un tipo de consciencia diferente, a una aceptación de todo lo que estaba pasando y de todo lo que había sido. Por entonces, en ciertos momentos su padre me sacaba de quicio con algunas actitudes que yo no podía comprender y era Cris quien me decía lo que yo le había dicho antes: "No te molestes, ya sabes cómo es", sin reproches, sin tratar de cambiarlo, aceptando las limitaciones afectivas que su progenitor tenía.

Hubo un momento de plena claridad después de haber estado perdido en las alucinaciones producidas por la morfina. Una claridad que traía paz. En esas últimas semanas tuvo claro que deseaba cerrar viejas heridas, perdonó a todos los que en algún momento de su vida le habían hecho daño y al mismo tiempo supo que él en algún momento podía haber hecho daño a su vez, así que aprovechó cuando pudo para pedir perdón. A mí me pidió que lo hiciese en su nombre con cualquiera de las personas a las que, consciente o inconscientemente, pudiese haber herido, porque quería ser perdonado y que los demás se sintiesen perdonados. Entre nosotros no hubo necesidad alguna de perdón porque cuando realmente se ama nada de lo que haga la otra persona puede herirte, porque todo lo que ella representa es aceptado, sus luces y sus sombras. Quizá lo que más le pesase en ese momento fuese la preocupación por dejarme sola, saber que iba a sufrir su ausencia, y lo que yo no quería es que él padeciese ese sufrimiento último, por eso le di permiso para que se fuese tranquilo porque yo encontraría la manera de estar bien.

Y es que cuando alguien deja este mundo con plena consciencia del paso que va a dar se produce un gran aprendizaje, tanto por parte de quien se va como de quien debe continuar en esta vida. Aun así, me sigue entristeciendo que Cris tuviese que llegar a ese punto para poder perdonar, que sólo ante la inminencia de la muerte alcanzase esa claridad mental que le permitió discernir lo que realmente valía la pena en esta vida, dejar ese orgullo provocado por su herida abierta para perdonar a quienes tanto daño le habían hecho en algún momento de su pasado, comprender que esas personas habían actuado así porque no sabían ser como a él le habría gustado que fuesen, aceptarlos a pesar de sentir que lo habían rechazado.

En buena medida, gran parte de ese rencor que había acumulado era fruto de la rabia que sintió ante la pérdida de su madre. No era una rabia nueva, pero su proceso de duelo agudizó ese sentimiento. Sentir que no se había reconocido el papel de su madre, que no se la estaba honrando como se debía y que incluso se la había olvidado haciendo una vida nueva en donde ella y todo aquello que representaba no tenía cabida, hizo que Cris se apartase de todo porque para él nada tenía sentido sin su madre, a la que tanto quería. De ahí que cuando me di cuenta de que mi rabia hacia esa falta de reconocimiento a mi relación con Cris, esa maravillosa persona que tanto amé, me estaba apartando de esas personas que también eran importantes para mí, saltaron todas las alarmas. Estaba haciendo algo muy parecido a lo que Cris había hecho antes, algo que sólo al afrontar el final de su vida pudo ver desde otra perspectiva que le permitió deshacerse del resentimiento antes de emprender ese último viaje.

Quizá esa lucidez que Cris fue capaz de experimentar antes de despedirse, así como el hecho de ser yo la testigo privilegiada de esa transformación, ahora me podían servir como luz y guía en mi propia experiencia vital.

Y por tanto decidí que debía trabajar mis emociones, para trabajar el perdón.

También he presenciado las consecuencias del rencor y de las heridas abiertas en otras personas que me rodean. Las heridas de la infancia son las más duras, y pueden reaparecer empujadas por nuevas heridas, a pesar de que ya no forman parte de nuestro presente porque cuanto nos hirió ya no existe, y ser percibidas de forma tan real como la respiración que hincha nuestros pulmones. Vivir en esa cárcel mental sólo produce un sufrimiento que no quiero para mi vida. Para poder perdonar, me ha sido muy útil darme cuenta de que en muchos casos la gente actúa como sabe, sin una mala intención, desde su manera de interpretar el mundo, así como no tomarme las cosas de manera personal y liberarme de la necesidad de tener razón. De esta forma he llegado a comprender que puedo herir a alguien pero sin mala intención, porque yo también ignoro muchas cosas y actúo como creo mejor en cada momento. Ojalá un día deje de perdonar porque realmente sólo ame a los demás seres que me rodean, como hizo el Buda. Mientras tanto, trataré de practicar el perdón porque libera tanto de las emociones negativas relacionadas con quienes nos causaron daño como del sentimiento de culpa. Es una tarea ardua, y puede llevar toda una vida porque puedes creer que has perdonado y en un momento dado, cuando menos te lo esperas, ver una foto y que muchos de esos sentimientos vuelvan a aflorar.

Por último, ya que he comenzado este capítulo hablando de Buda, quiero terminarlo hablando de Jesús y de la interpretación de sus palabras que escuché una vez en Turballos, ese lugar tan especial para mí. El padre Vicent se enfadó mucho cuando se cambió la oración del Padre Nuestro que ahora dice: "Perdona nuestras ofensas así como nosotros perdonamos a los que nos ofenden", porque esto, para él, es soberbia, ya que se pregunta: ¿Quién puede ofender a Dios? Según él, nosotros nunca podremos llegar a esa altura porque Dios está por encima de todo. El mensaje que Jesús nos trasmitió se resumía así: "Amar al prójimo como a uno mismo". Éste es nuestro único deber, de manera que si nuestras acciones surgen del Amor, entonces no tenemos que hacer nada más. Por tanto, para el padre Vicent el antiguo Padre Nuestro tenía más sentido: "Perdona nuestras deudas así como nosotros perdonamos a nuestros deudores". Es decir, perdóname cuando no haya sabido amar así como yo perdonaré cuando no me sepan amar. Y es que, como decía al principio del capítulo, en el amor el perdón no es necesario.

25.- AYUDAR A LOS DEMÁS

¿Y ahora qué? ¿Qué sentido tiene todo esto? No entiendo por qué he de seguir viviendo. La vida, que empezó a ser amable y acogedora cuando llegó Cris, se vuelve de nuevo triste, anodina. ¿Por qué he de seguir si él no va a estar? ¿Por qué si ese milagro ya ha pasado? ¿Cómo vivir una vida que puede ser larga sabiendo que no me sentiré con nadie de la misma manera como me sentía con él?

Este tipo de pensamientos han acudido recurrentemente a mí a lo largo de mi proceso. Tratar de hallar una respuesta que satisfaga todas las preguntas es algo imposible, porque es muy probable que la respuesta esté en otra pregunta que no se ha formulado. En mi caso, en mi búsqueda del sentido de cuanto me ha tocado vivir, he partido de una premisa: en esta vida estamos para aprender, aprender a ser lo mejor que podamos ser, aprender a transformar nuestras limitaciones en maneras distintas de manifestar el amor incondicional, aprender que las máscaras y los egos son los obstáculos impuestos por nuestra ignorancia.

Encontrar la respuesta no es fácil Es importante saber distanciarnos de lo que creemos que somos y observar nuestra historia, nuestro camino. Hasta que conocí a Cris había tocado a la mayoría de las personas con la punta de los dedos. Había sido un ave de paso que me posaba de vez en cuando en cualquier rama, pero no encontraba ningún árbol donde hacer mi nido. Con Cris aprendí a amar y a sentirme amada por encima de cualquier cosa, a arriesgarme, a sentirme en él como en casa. Aprendí a permitir que me amasen, a saber que me lo merecía, a derramar ternura entre mis dedos, a mirar a los ojos, a abrazar el dolor, a sentir el miedo hasta perderlo, a relativizar todos los paradigmas que esta sociedad tan cientifista nos dice que son reales.

Sin él ¿para qué me sirve lo aprendido? ¿Para qué me sirve todo ese dolor que siento cuando su ausencia me rodea en todo lo que hago y veo? La verdad es que no tengo la respuesta a esa pregunta, sólo sé que a raíz de mi dolor entiendo mejor el dolor de otras personas, que no necesito hablar para conectar, que mis abrazos no son iguales ahora y que cuando una persona comparte su dolor conmigo, cuando encuentra en mí ese acogimiento en esa soledad, nuestras soledades ya no están tan solas, y eso me hace bien. Pensar en enfermos que pasan por ese trance y lo han de hacer solos me remueve por dentro, y me hace bien poder acompañarlos para que me hablen de lo que quieran hablar, aunque sea de su miedo más presente, que en muchos casos es ese abismo al que llamamos muerte.

Quizá ayudar a otras personas que pasan por donde yo ya he transitado sea el acto más egoísta que puedo llevar a cabo, ya que en él encuentro un sentido a lo que me ha pasado. O quizá pensar ahora mismo que estas palabras que estoy escribiendo puedan ser descifradas por alguien a quien le resulten interesantes, le consuelen o le ayuden a entender mejor lo que es aprender a vivir sin esa persona que tanto se ama, sea lo que me aliente a seguir escribiendo. En ese caso, estas líneas no serían sólo una especie de diario, sino algo que tendría sentido compartir.

También puede ser que aspire a convertirme en una de esas personas fuertes que he podido conocer a través de mi camino, personas con las pérdidas más grandes que uno puede experimentar en esta vida. Porque verlas de pie, con una sonrisa y siguiendo hacia delante, se ha convertido en inspiración para mí.

Ayudar ayuda. Comprender que el dolor no es algo que le toca a uno en suerte, sino algo consustancial a la experiencia humana, se aprecia más claramente cuando ayudamos a otras personas. Por eso ofrecerme voluntaria en la asociación Caminar como co-facilitadora en grupos de duelo, acogiendo a las personas que vienen con su herida reciente, o que están inmersas en el proceso de irse o de despedirse, se ha convertido en algo que a día de hoy llena de sentido la experiencia que he tenido que vivir.

Sé que hay quienes piensan que dar tanta importancia al duelo quiere decir que me estoy apegando al mismo. Yo no estoy de acuerdo, aunque a estas alturas de la partida no me aferro a ninguna idea como verdad absoluta, ni pretendo que me den la razón. No me siento en absoluto como al principio, recordar a Cris no me rompe, normalmente me dibuja una sonrisa en el rostro, y cuando conecto con él en una meditación, por ejemplo, él ya no es el hombre con quien estuve sino algo diferente y luminoso. Describir esta sensación me resulta difícil, pero siento a Cris presente en mí, y tratar de ocultarlo no creo que sea algo

sano, aunque lo cierto es que sólo con pocas personas me
siento cómoda hablando sobre él y sobre lo que me inspira
ahora.

26.- LOS DUELOS NO RECONOCIDOS

De puntillas,
te fuiste de puntillas,
dejando apenas
huellas en el camino.
Pareciera todo como atado,
para que tu existencia
produjera el mínimo daño,
siquiera un recuerdo olvidado.
De puntillas,
viniste de puntillas,
sin llamar la atención,
que no preguntaran por ti,
como un hombre invisible
que apenas se intuye
en el murmullo de una palabra,
que en el fondo es silencio.
De puntillas,
fuiste despidiéndote
casi antes de llegar.

Sin embargo,
a pesar de tanto empeño,
no lo pudiste evitar,
y me creaste en tu Universo,
y pisaste fuerte
para apoyarte en mí cuando

no aguantabas más el equilibrio,
porque es difícil caminar de puntillas
impidiendo que tu Universo
roce otros Universos.
Pero en tu Universo me creaste
y yo te creé en el mío.
Y en tu mirada, las galaxias,
las estrellas, los agujeros negros,
el futuro, el pasado y,
por supuesto, únicamente el presente.
Criaturas creadoras de nosotros mismos.
El todo y la nada.
Tú y yo.
Y de repente, el colapso,
y tú ya no eres,
sólo un sueño de mi propio Universo.
Pero a excepción de eso,
apenas las hormigas
se percataron de tu existencia.
Y yo estoy aquí,
caminando, cuidadosamente
aprendiendo a llevar dos Universos en mí,
pero de puntillas.

(Candela Escribá, *De Puntillas*)

A veces he sentido que mi duelo no ha sido reconocido. El amor a Cristóbal, la relación que tuvimos cambió mi mundo, la manera en que lo percibo la vida ahora no tiene que ver con nada anterior a él. Sin embargo no ha quedado apenas constancia física en mi vida de su presencia. Cambié de ciudad, casi no tengo pertenencias suyas, nadie de su vida está en la mía. Cuando la ausencia duele y no la puedes compartir puede dar pie a un duelo que se complica porque, ya de por sí, quien sufre una gran pérdida se siente solo, profundamente solo, siente que nadie es capaz de entender un dolor tan demoledor. Pero cuando no encuentras a nadie con quien compartir esa pérdida, cuando lo que te rodea es silencio, cuando nadie sabe por quién lloras, la soledad es la más aguda de todas las soledades.

Duelos no reconocidos son los duelos de la amante no invitada al funeral de su amado o la de las madres que pierden a sus hijos durante el embarazo. Duelos no reconocidos son, en definitiva, aquéllos que no permiten a quien siente la pérdida manifestar su dolor en público. Sin embargo el dolor existe, y compartirlo es una manera de abrirse al mismo para poder completar adecuadamente las tareas del duelo, para poder seguir adelante. Parece que el dolor es más legítimo cuando llevas treinta años de matrimonio y se tienen hijos en común con la pareja que cuando se ha estado juntos pocos años y sólo se tienen el uno al otro. Pueden llegar a insinuar que el dolor es menos dolor cuando unos padres pierden a un bebé que cuando pierden a un hijo de de veinte años, o cuando era hijo único que cuando se tienen más hijos. Realmente los comentarios a este respecto pueden ser hirientes. Llegar a entender que esos comentarios son en muchas ocasiones bien intencionados resulta muy complicado, porque son como cuchilladas que se clavan en el corazón.

Hay frases que no se deberían pronunciar nunca ante un doliente, aunque vengan con la mejor de las intenciones, con el deseo de aliviar su sufrimiento: "Estás muy guapa, ya verás que pronto encuentras a otro"; "Tienes más hijos que te necesitan"; "Tienes que (a elegir): rehacer tu vida / salir/ llorar…". La persona que perdemos es única, nunca otra pareja va a ser como esa pareja, ese hijo no va a estar más, aunque se tengan otros. Y los consejos no sirven, quienes tratan de dárnoslos no saben cómo nos sentimos, porque nosotros mismos no sabemos cómo nos sentimos, porque estamos aprendiendo a poner palabras a nuestras emociones. Porque nunca la soledad fue tan sola, ni el dolor dolió tanto.

En unas conferencias que dio Ramón Bayés, psicólogo pionero en España del tratamiento en cuidados paliativos y en el duelo, hablaba de dos métodos importantes para aplicar a las personas que están en el final de su vida, o en duelo: el método científico y el método poético. Con el primero se refería a que un profesional ha de tener conocimientos apoyados por la investigación que lo respalden a la hora de tratar a un paciente, hay datos empíricos respaldados por la evidencia y que permiten conocer el tema. Pero el segundo, el método poético, se refiere a aquella parte única que cada persona es, aunque algo suela ser útil en general no significa que a todo el mundo le sirva lo mismo. Todos nos hemos encontrado con grandes profesionales sin capacidad de reconocer en la práctica sus conocimientos teóricos. Según Bayés a un buen profesional le respalda los conocimientos que tiene sobre su especialidad pero también ha de dominar el arte de ver a la otra persona, descubrir su alma, conocer su historia, desentrañar los misterios que la hace única, y esto es la poesía dentro del mundo de la medicina . Por esa razón lo que a mí me ha servido no tiene por qué servir a los demás, lo que yo he sentido no tiene por qué ser lo mismo que han sentido otros, aunque el dolor es algo común que nos puede unir. Comparto en estas páginas mi historia y lo que he aprendido de este camino que la vida me ha obligado a transitar pero no tengo la intención de decir lo que se debe o no se debe hacer, sino lo que a mí me ha sido útil.

La particularidad de nuestra historia nace de la relación que tuvimos tan íntima. Nos gustaba quedarnos en casa, pasear por el parque y, normalmente, estábamos solos, era la forma en que nos gustaba estar, en que nos sentíamos más cómodos. Hablábamos mucho de nuestros sueños o de todo lo que nos llamaba la atención. Filosofábamos, nos inventábamos cuentos, criticábamos al gobierno, nos leíamos poesía, nos mirábamos dejando que la ternura lo impregnase todo. Después, con la enfermedad, todo aquello que éramos juntos se hizo más intenso. Aunque pedí ayuda a terceras personas cuando lo necesité, en general la enfermedad la vivimos como compañeros y cómplices. Siento que nadie en la vida conoció a Cristóbal como llegué hacerlo yo. Él tenía buenos amigos que hizo en varias etapas de su vida: la niñez, la juventud, la madurez…y los mantuvo hasta el final. Pero la familia de Cris apenas conocía al hombre que había sufrido tanto y que en ese momento luchaba contra una enfermedad, en el mejor de los casos recordaba al adolescente que fue. Él no compartió su vulnerabilidad con ellos, y se alejó de sus vidas en el momento de mayor sufrimiento. Mi propia familia nunca lo llegó a conocer, nunca vio lo que yo cuando estaba a su lado.

Cuando me quedé viuda apenas tuve personas con las que hablar de mis sentimientos, y es fundamental poder hablar, poner nombre a lo que vives. Muy pocas personas a mi alrededor habían conocido a Cris. Me refugié entonces en unas cuantas amigas que han estado a mi lado durante todo el proceso. Qué importante es haber podido contar con ellas. No podía soportar que alguien pudiese decir algo negativo de Cristóbal, sobre todo quienes nunca lo quisieron conocer. Así que sólo hablaba de él con quien podía hacerlo con amor y si no era así evitaba nombrarlo. Quizá no fue la mejor manera pero no fui capaz de hacerme entender, de transmitir lo afortunada que me sentía de haber experimentado un amor tan grande. No hablar el mismo lenguaje traía sufrimiento en mí, pero también en ellos. Así, que el silencio se convirtió en mi protección.

Lo que me ha ayudado cuando sobreviene el sentimiento de la falta de reconocimiento como viuda ha sido hablar de mi dolor, hablar de la persona que se ha ido, a veces con extraños, a sabiendas de que eso no es un tema popular para conocer a gente en una ciudad nueva, pero ha sido una necesidad para mí. También el integrar en mi día a día gestos, frases, detalles propios de Cristóbal que logran hacer que su paso por esta vida quede plasmado.

Conozco el caso de mujeres a quienes duele que se le llamen viudas, es como una palabra que provoca una mirada triste. Yo misma de niña siempre sentía una cierta lástima hacia las viudas de mi familia, mujeres mayores de negro que se quedaban solas. Y sí, cuando digo que soy viuda a veces las personas tardan en reaccionar o cambian de tema o, depende de quién, me miran con cierta pena. Pero yo me siento agradecida y afortunada de haber conocido el amor con la persona que lo conocí y de la manera en que lo conocí, por eso reivindico mi viudez, porque significa que una vez estuve casada y lo estuve con el hombre que me enseñó a amar con toda el alma, porque él amaba así, sin medida.

Afortunadamente encontré la asociación "Caminar en el duelo". Un lugar donde el dolor es acogido incondicionalmente, donde se reconoce la pérdida. La manera que tiene de abrazar una persona que ha transitado por el dolor de un duelo y reconoce el tuyo propio es tan especial y bonita, que te hace sentir que incluso de esa experiencia se puede sacar algo bueno. Pocas personas conocen lo que significa encontrar un apoyo así, la mayoría no sabe en qué consiste y cuál es su utilidad si siempre se han muerto personas y la vida sigue. A quienes no lo saben les diría que, por supuesto, yo hubiera seguido viviendo sin esta asociación, pero me hubiese costado mucho más seguir con mi vida, entender lo que me pasaba. Habría que decir que aunque los duelos no se pueden comparar, porque dependen del vínculo que se tiene con esa persona tan única que se ha ido, es muy probable que se acepte mejor la pérdida de la abuelita de cien años que ya hizo todo lo que se puede hacer en una vida que perder a esa persona que sientes tan tuya como tu propia vida, en este último caso toda ayuda es poca.

Un grupo de ayuda mutua consiste en una reunión de personas que están pasando por una situación similar. Cada cual comparte su proceso, cómo se siente, cómo está llevando el día a día, mientras los demás escuchan. Se llora libremente. También se es libre de reír. Nadie está ni para juzgar, ni para dar consejos, pero es evidente que escuchar las experiencias de otros ayuda en la propia experiencia. Ver que lo que tú sientes es parecido a lo que sienten los otros te acompaña cuando justo antes te sentías tan solo. Esto no quita el dolor pero compartirlo lo apacigua en cierto grado.

Los grupos de ayuda tienen también distintas funciones dependiendo de en qué fase del camino estás. Cuando acabas de llegar, cuando sientes ese dolor tan intenso que parece que no va a abandonarte nunca, compruebas que hay personas que llevan más tiempo conviviendo con su pérdida y se expresan de una manera en la que el dolor se ha calmado, brindándonos la esperanza de llegar también a ese punto, porque otros lo han logrado. Y cuando ya ha pasado un tiempo y ves a otros en ese dolor intenso del inicio que ya viviste, te vuelves consciente de que ya no estás como estabas, de que has avanzado aunque a veces no lo creas. Reivindicar mi dolor, mi historia, ha sido fundamental para poder perdonar, para que la ira se calmase y para llegar a ese recuerdo agradecido que siento cada vez que pienso en Cris.

27.- RITUALES

Vi tu silueta recortada sobre el cielo,
mas cuando alcé la vista no estabas.
Sin embargo estás.
Estás en la sombra que las ramas arbóreas
proyectan en el suelo protegiéndome del sol,
como una caricia.
Estás en el gesto cariñoso de la palabra amable.
Estás en aquello que nos hizo reír y aún nos hace.
Estás en los pájaros y nubes que miro
y recuerdo que mirabas.
Estás en la música y la cadencia,
en el estruendo y en el silencio.
Estás en el niño que no tuvimos
y en ése del autobús,
el que me recuerda tu infancia y adolescencia,
aquélla que intuyo.
Estás en la rebeldía y en la calma,
en los geranios, en las jazmineras
que llenan de olor los atardeceres del verano tardío
y en las fresas que antes fueron besos.
Estás en las estrellas de las noches sin luna.
Estás en las despedidas y en los encuentros.
Estás cuando me miro en el espejo
y veo tu huella en mi rostro,
sobre todo cuando sonrío

después de llorarte,
con lágrimas dulces de ausencia,
sólo posibles porque estuviste.
Definitivamente, estás en todo aquello
que me hace sentir el amor de la vida hacia mí.
Pequeños detalles amables que llevan la sutileza de tu firma:
los árboles, el cielo, la música, las palabras,
el gesto cariñoso del desconocido,
la brisa, las estrellas, el silencio,
la risa, las lágrimas y en mí,
que sigo de pie, mirándome en el espejo.
Y estás en todas esas cosas con un simple propósito:
que yo te escuche claramente cuando me dices "Te quiero".

(Candela Escribá, *Estás*)

La tierra tarda en rotar sobre su propio eje algo más de veinticuatro horas. A eso lo llamamos día. Mientras gira sobre sí misma, una parte de ella es iluminada por la estrella más cercana, a la que llamamos sol, mientras la otra parte queda en sombra, lo que da lugar al día y la noche. Al mismo tiempo, la tierra experimenta un movimiento de traslación alrededor del sol, una órbita elíptica responsable de las estaciones, para lo que necesita trescientos sesenta y cinco días y algunas horas, es decir, un año. Estos hechos son así y no creo que nadie los ponga en duda. Si la tierra fuese más grande o la órbita más larga, los años durarían más días y los días más horas.

Realmente el tiempo es lineal. Los sucesos ocurren y luego desaparecen, los dinosaurios aparecieron y ya no están con nosotros. Las fechas son un invento puramente humano. Creamos los calendarios, las celebraciones, los aniversarios. Inventos prácticos para saber cuándo es la época de cultivo o de la cosecha. Inventos prácticos para perpetuar el poder de las élites poderosas, asegurándose así una buena respuesta para sus intereses. La Navidad no es más que la celebración del solsticio de invierno. Sin embargo, la iglesia católica dio contenido religioso a esa celebración, al igual que a todas las fiestas paganas, demostrando así su poder. Más recientemente, la marca Coca-Cola, hace algo más de un siglo, tomó a un personaje de una leyenda finlandesa, le cambió su traje verde por otro de color rojo, en la misma tonalidad que la etiqueta de la marca, y ese personaje es el que hoy reconocemos como Papá Noël, símbolo máximo del consumismo y del capitalismo exacerbado que se practica hoy por hoy.

Todo esto lo tuve claro en mis primeras navidades sin Cristóbal. Tenía la intención de que ese día de veinticuatro horas pasase lo antes posible, dando gracias porque nuestro planeta no tuviese un tamaño más grande (tardaría más en dar la vuelta). Por entonces, los días me parecían todos iguales, sólo horas que pasaban. Primero la mañana, luego la tarde y por fin la noche durante la cual, si tenía suerte, mis sueños podían verse sorprendidos por su visita. Además, para ese plan tan ideal contaba con una ventaja: Cristóbal y yo apenas vivimos tres navidades juntos y no habíamos creado ninguna tradición especial, un momento determinado que me lo trajese a la memoria durante la cena.

Las teorías pueden parecer muy prácticas pero en la práctica, a veces, no son factibles. Volví a casa de mis padres para celebrar la Nochebuena. Quizá fue por respeto a mí, quizá para evitar mi tristeza o quizá para evitar conflictos (desde que Cris partió soy muy susceptible a la manera en la que la gente habla de él), se celebró una cena como tantas se habían hecho en mi familia. No se pronunció su nombre, no se mencionó su ausencia. El dolor que yo sentí aquella noche al ver que Cris no estaba y parecía que a nadie le importaba, me sumió en una profunda tristeza. Hubo momentos en los que no me hubiese importado levantarme e irme de allí, pero esperé al brindis para marcharme a la cama a dormir con el manto oscuro de mi pena.

Me sentí abrumada durante días. Necesitaba hablar de él, compartir anécdotas de su vida, saber que su paso por este mundo había tocado a alguien, porque este mundo se había transformado completamente para mí cuando estuvo conmigo. Fue entonces cuando decidí que no habría ninguna fecha o evento significativo para Cristóbal y para mí que se fuese a quedar exento de celebración.

Y es que aunque no se quiera, hay días que no son como los demás días. En un aniversario las imágenes se cuelan por cualquier rincón. Es complicado mantenerse al margen. A veces te sientes melancólica, sin motivo alguno y de pronto recuerdas que esa semana sería su cumpleaños o fue el aniversario de boda. Los pequeños rituales se han convertido en la manera de contactar con él ese día para decirle: te quiero.

En enero le compré un arbolito para celebrar nuestro primer aniversario de boda. Cuidé de él y en abril lo planté en el lugar donde había esparcido sus cenizas, en el aniversario de su partida. Le escribí poemas y además busqué a quienes recitárselos. Celebré mi cumpleaños y me compré un regalito en su nombre. A veces me ocurre que, cuando veo algo que me gusta, escucho en mis pensamientos esta frase: "Venga, reinica, si estás deseando tenerlo. Cómpratelo". El día de su ya no cumpleaños le regalé flores y más palabras.

Pero no sólo eso. Celebré el día en el que descubrieron el bosón de Higgs, del que tanto me había hablado. Celebro si se produce el descubrimiento de una estrella nueva. Cuando escucho alguna canción de Mozart, los Beattles, Camarón, Kiko Veneno, Radio Futura... Celebro cuando leo poesía, o me mencionan a Borges o cuando alguien habla de lo maravilloso que es el Quijote. Celebro el poder fijarme con admiración en los elegantes movimientos de los pájaros, sobre todo si son mirlos, aquellos que encendían su corazón estufa con su canto ignífugo de impermeables alas. Celebro el poder quedarme absorta, como lo hacía él, viendo el claroscuro producido por los rayos del sol cuando atraviesan las hojas frondosas de una higuera en verano, o los matices del color ocre de las hojas de los árboles que caen en otoño. Celebro que él agudizó la sensibilidad y la ternura en mi vida, me hizo ser más consciente de los pequeños detalles. Celebro cuando escribo, y entre mis palabras se cuelan palabras suyas, y a veces me doy cuenta de su presencia releyendo lo escrito. Celebro que mi cuerpo me responde y puedo hacer ejercicio, y esto, a lo que no había dado importancia antes, gracias a él ya no lo doy por hecho, y por eso muchas veces utilizo su ropa para que se venga a correr conmigo. Celebro que gracias a él veo este mundo como un lugar más hermoso, donde a veces uno lucha con todo su cuerpo y su voluntad para permanecer, y ni por ésas puede conseguirlo. Tengo tantas cosas que celebrar en mi vida gracias a que él pasó por ella y me hizo darme cuenta de lo afortunada que soy, que este año, cuando llegue de nuevo el momento del brindis, sólo repetiré las palabras que él gritaba siempre a la hora de alzar las copas para hacerlo presente en la celebración: "¡Salud y Libertad!", mientras permitiré que la tierra siga rotando sobre su eje.

28.- PÉRDIDAS EN LA PÉRDIDA

Hijo mío no nacido,
Carne de su carne,
Carne que ya no es,
Carne que nunca serás.

Hijo al que siempre quiero,
nunca te contuvo
mi vientre vacío,
escaso fue el tiempo.

Deseo que te sientas amado,
Tú, sin nombre, sin sexo,
Sin padre y sin madre,
Tú que eres hijo nuestro.

Heredero de ternura y caricias,
De castillos en el cielo,
De la carne más mundana,
De nuestro peculiar acento.

Amor perpetuado,
En tu vida sin tu tiempo,
En las noches de verano
Con las promesas de un mundo bueno.

Hijo mío que no naciste,

No naciste y te echo de menos,
Tu voz, tu risa y su gesto,
Su vida en tu vida,
Y mi vida,
tan dentro.

Deseo que te sientas amado,
Niño mío, sin nombre, sin sexo,
Sin padre, sin madre,
Tú que eres hijo nuestro.

(Candela Escribá, *Hijo Nuestro*)

Tan difícil como aceptar la pérdida de la persona que has amado de esa manera única e irrepetible, es olvidar todo lo que querías hacer en tu vida y lo imprescindible que era esa persona para llevarlo a cabo. En las rupturas sentimentales pasa algo similar pero, hablando desde mi experiencia, cuando he vivido el final de alguna relación de pareja, ha habido el desencanto y con él la cancelación de los planes. Y ha sido el hecho de ese previo desencanto lo que ha dado pie a que sea más fácil la aceptación de esa nueva vida sin la otra persona.

En alguna ocasión alguien me ha dicho que cuando se acaba la relación con una pareja porque la otra persona no desea estar más contigo es mucho más doloroso que si se muere, porque en este caso se puede guardar el amor hacia quien se ha ido mientras que en el caso de la ruptura pueden darse emociones negativas como la hostilidad, la rabia o la decepción. Es cierto que recordar y nombrar a Cris me llena de melancolía y agradecimiento, pero si la vida me hubiese dado a elegir lo preferiría vivo aunque tuviese que odiarlo, aunque ya no me quisiese, aunque me hiciese dudar de si alguna vez me quiso. Sin embargo, la vida no da esa elección, las cosas pasan y pasan. Quizá he sido muy osada comparando dolores, porque a mí me duele el mío. Puedo hablar de cómo me han afectado rupturas amorosas que he tenido, pero no puedo establecer una regla ni una escala de dolor.

Si lo que te separa de la persona amada es la muerte, y sobre todo cuando, como en mi caso, te sientes tan feliz con esa persona, aceptar que no volverá a estar es una tortura. Con Cristóbal me imaginé por primera vez siendo madre, envejeciendo al lado de alguien. Nuestra complicidad era tan completa… Nosotros que éramos dos soñadores, tan vencejos... No sólo perdí su presencia física sino también a la persona que yo era cuando estaba a su lado, esa persona que veía reflejada en su mirada, esa mirada que sólo desprendía amor al posarse en mí. Perdí los hijos que nunca tuvimos, la casa que nunca tuvimos, el futuro que nos fue negado. Pero no sólo sufrí la pérdida de nuestro futuro. A partir de entonces no iban a estar sus abrazos, su manera de mirarme, de nombrarme, de quererme. Sufrí la certeza de saber que esa ternura tan única ya jamás iba a estar presente en mi vida. Tuve que decir adiós a esa ternura a la que había sido tan sencillo acostumbrarme.

Cada pérdida significa la pérdida de algo muy concreto, irrepetible, porque la persona que se ha ido era única. En este sentido, Cristóbal se había convertido en mi hogar, era el refugio donde pasase lo que pasase me sentía segura, amada plenamente, sin condiciones, sin esfuerzos, siendo yo. Perderlo a él supuso empezar desde el principio otra vez. Es cierto que estaba acostumbrada a los cambios, pero esta vez era distinto, estaba donde quería estar y con quien quería estar. Yo no había elegido ese cambio, pero aceptarlo era la única manera de seguir adelante. Aferrarme sólo a lo que había perdido me hubiese impedido agradecer todo lo que había ganado estando con él.

En una pérdida cada cual pierde un tipo de relación, pues quien parte significa algo muy concreto para cada una de las personas a las que ha tocado. No sólo es un padre, no sólo es un hijo o una pareja. Puede ser tu compinche o la persona que te motivaba, un amor puro o una relación ambivalente... La misma persona muere tantas veces como personas haya que sufran su pérdida, ya que ninguna relación es igual y cada quien va a perder algo diferente. Es fundamental entender lo que has perdido para hacerte cargo, para saber cuáles son tus carencias y si se puede, en homenaje a la persona que se ha ido, tratar de llenarlas con la gratitud de sus recuerdos. Por mi parte es mi trabajo tratar de aceptarme como me aceptaba Cris, tratar de verme con sus ojos, para eso a veces cierro los míos y conecto con esos momentos en los que él era mi refugio.

Va a depender de a qué prestemos atención lo que va a determinar la manera en la que vivamos nuestro duelo. Podemos tener pensamientos que nos lleven al victimismo, al "pobre de mí" y al "por qué a mí". Es lo primero que acude a nuestra mente, y lo hace muchas veces. Es un trabajo de consciencia y meditación. Como he dicho a lo largo de estas páginas, hay que reconocer todo tipo de pensamientos, darles su espacio, saber cuándo vienen, por qué vienen, cómo me hacen sentir y qué provocan en mí. La forma en la que yo he aprendido a relacionarme con ellos es simplemente observarlos, de manera curiosa. Decirme mentalmente "¡qué curioso!" Identificar y dar un nombre a cada pensamiento: melancólico, triste... Cuando etiquetas la emoción que sientes, la cadena de pensamientos se hace más previsible y llega un momento en que al final es sólo el pensamiento que viene y pasa. Entonces puede que te des cuenta de que el pensamiento no eres tú, sino que es algo que te pasa, que pasa por ti. Poder saber que yo no soy alguien triste sino que ahora pasa por mi mente un pensamiento triste es muy liberador. Al mismo tiempo, cuando se es capaz de etiquetar un pensamiento, por ejemplo "echo de menos su mirada", quizá puedes conectar con ese momento y añadir a ese pensamiento: "cuánto amor me tenía, qué bonito es que me quieran así, he tenido mucha suerte, gracias". Es un trabajo duro, constante, pero al menos a mí me ha servido. Sigo pensando que no pude tener ese hijo amado con él, pero hago una poesía de ello y escribo estas páginas que en parte son algo nuestro, porque no podrían ser escritas sin que Cris hubiese estado presente. Nuestros planes se cancelaron, pero puedo hacer nuevos planes y en éstos él estará porque la persona que soy ahora no puede ser explicada sin la huella que ha dejado en mí. Una huella preciosa, por cierto.

29.- LA TELA DE ARAÑA

Tener la certeza de pertenecer
al árbol del que eres rama
y de reconocer las raíces
desde la tierra que lo alimenta
hasta la última de sus criaturas
que en él anidan o se posan.
Confiar en que el viento
que nos azote fuerte
sólo conseguirá que las hojas
canten la misma cantinela
y en que, llegado el otoño,
las que caigan serán abono
para las que vuelvan a nacer en primavera.
Disfrutar mientras tanto
de la sombra que nos damos,
no que nos hacemos,
y de la brevedad del tiempo
que compartimos en los abrazos.
Porque cada brote de este árbol
crece en su tiempo y espacio
como sólo es posible hacerlo
desde la libertad.

(Begoña Abad, *Cómo aprender a volar*)

¿Quién podría decir quién es al margen de los demás? Los seres humanos somos seres sociales y nos definimos con respecto a nuestras relaciones. Somos los animales que más tiempo necesitan para ser independientes y para ello es imprescindible el proceso de socialización que nos da los recursos necesarios para ser capaces de desenvolvernos en el mundo. Los escasos ejemplos de niños que no han sido sometidos a este proceso muestran a personas a quienes en su adolescencia les han tenido que enseñar a hablar, a andar, a relacionarse... personas que han visto limitada sus capacidades intelectuales porque en el tiempo en que debían haber estimulado las zonas cerebrales relacionadas con esas habilidades no lo hicieron. Los seres humanos somos seres sociales, nos necesitamos. Cooperamos y nos comportamos según el papel que desempeñamos dependiendo de nuestra educación, cultura, nivel social, género... En la familia, institución básica de una sociedad, cada individuo tiene un papel específico, y según vamos relacionándonos con otras personas fuera de ese núcleo se va formando nuestra personalidad. Todas nuestras relaciones conforman una red en la que cada miembro tiene una función, un lugar. ¿Y qué pasa cuando alguien fallece? Que toda la red se ve afectada en mayor o menor medida. Alguien ha de realizar las actividades que la otra persona hacía, por ejemplo si la persona que falta se encargaba de los aspectos burocráticos, alguien debe aprender a hacer esas tareas. A veces llevarlas a cabo es algo doblemente costoso, primero porque no se está habituado o porque no te gusta hacerlas, y segundo porque te recuerdan el motivo por el que las has de hacer, y es que esa otra persona no está ni volverá a estar.

Todo cambió a raíz de la pérdida de Cris. Cambié yo y cambiaron mis relaciones con los demás. Cuando la rabia se apoderó de mí a los meses de su pérdida, acudí a la psicóloga que tanta luz me había aportado en el proceso del deterioro de Cris. Sentía rabia tanto hacia las personas de su entorno como del mío. Ella me vaticinó que con mi familia poco a poco las relaciones se normalizarían, se parecerían a cómo eran antes de la muerte de Cris, según hubiesen sido buenas o malas. Sin embargo, me aconsejó que no tomase decisiones apresuradas movida por la rabia que tenía hacia la familia de Cris, porque me podrían llevar a hacer cosas de las cuales me arrepentiría, ya que hacía poco que había ocurrido todo y lo mejor era que me mantuviese al margen, que actuase sólo después de haber tomado decisiones meditadas, no reaccionando ante posibles provocaciones. Debería haberle hecho caso, dejar a los demás actuar y quedarme apartada como la viuda doliente que era. Sin embargo nunca me ha gustado sentirme víctima y siempre he tomado mis propias decisiones, a pesar de equivocarme, porque me he sentido responsable de mi vida. La cuestión es que no me mantuve al margen, di opiniones, deseaba que se hiciese justicia…El resultado fue que la familia de Cris desapareció de mi vida, como si hubiese sido un mal sueño. De la niña, que hoy debe de empezar a ser una mujer, apenas he vuelto a saber algo. Las personas que pertenecieron a su vida han desaparecido de la mía. He echado de menos poder hablar de él con quienes lo conocieron, que me hablen de él desde el cariño, que me cuenten anécdotas de su vida que yo desconociese.

Fue difícil volver a la normalidad con mi familia. Durante un tiempo me acostumbré a hablar con monosílabos, no con la idea de castigarlos sino para no dar opción a que me hiriesen, ya que parecían no darse cuenta cuando lo hacían, y también para no herirlos a ellos, pues sabía que lo estaban pasando mal. Fue duro para todos. A pesar de no querer hacerles daño, se lo hacía con mi distanciamiento. A pesar de tratar de entenderlos, no podía evitar la rabia que sus comentarios me producían cuando me hacían sentir que no lo consideraban un buen compañero para mí, el enfado conmigo misma al no haber sido capaz de trasmitir lo maravilloso que había sido Cris conmigo, el bien que me hacía con sólo saber que lo tenía cerca. Pese a todo, he de decir que también se esforzaron mucho en darme mi espacio, en tratar de entender. En definitiva, siempre trataron de estar a mi lado y eso no lo he olvidado. Aprender a amar incondicionalmente también tiene que ver con esto, con aceptarnos los unos a los otros, valorar no a los padres o a los hijos que nos hubiese gustado tener, sino a los que tenemos. Y desde este entendimiento he de decir que todos los conflictos que hemos tenido vienen del amor que nos tenemos. Ellos deseaban que no sufriese y yo deseaba que entendiesen que estar con Cristóbal me hacía feliz, pero ni ellos ni yo podíamos evitar el sufrimiento.

En cuanto a los amigos, ver a quienes tenían ese futuro con el que Cris y yo soñábamos, rodeados de esos hijos maravillosos, me recordaba todas las cosas que había deseado y que no tendría porque Cris ya no estaba. A pesar de que no me hacía sentir orgullosa este sentimiento, me afectaba estar con ellos, eran un recordatorio de todo lo que había perdido. Negar estas emociones sería ocultar la verdad, ese dolor tan intenso que no podía evitar. Cris ya no estaba y nada de lo que esperábamos se haría realidad. Cada vez fui quedando menos con estas parejas con hijos.

Empecé a aislarme, a pasar cada vez más tiempo a solas con mis sentimientos, y no poder compartirlos acentuaba mi sensación de soledad aunque estuviese rodeada de gente. Como consecuencia cobraron más importancia ciertas personas incondicionales que habían estado cerca desde mi adolescencia, como mi amiga Esther, cuya lealtad nunca me ha faltado, o Ana, que me ayudó en muchos momentos, o Paco e Irene, quienes practicaron la escucha activa conmigo y me regalaron su viejo ordenador suyo para que siguiese escribiendo cuando se estropeó el mío. Poder hablar libremente con todos ellos, sentirme escuchada sin ser juzgada, fue y sigue siendo muy importante.

Aun así, me sentía muy sola. Sabía que esas personas estaban, que me querían, pero mi dolor sólo lo entendía yo, y a veces ni yo misma, porque había emociones para las que no hallaba nombre. Luego supe que ese "no sentirse entendida" es normal cuando transitas en el duelo. Por eso fue una suerte encontrar la asociación Caminar. Todas las personas que estaban allí habían pasado por una perdida tan única como la mía. Cuando hablé por primera vez en mi grupo, cuando dije todas esas cosas que no son políticamente correctas pero que están ahí y han de encontrar palabras que las expresen, cuando me quité ese nudo que tenía en la garganta, respiré después de mucho tiempo. Allí hablaba de todo aquello que no le había contado a nadie y escuchaba a otros hablar de experiencias semejantes a la mía. No existía censura. Nuestros dolores fueron compartidos, y he de decir que encontré a personas con una gran sensibilidad que me acogieron en mi dolor y que ahora son importantísimas en mi vida. Fue el lugar donde pude dejar mi herida abierta para que se airease y comenzase a cicatrizar poco a poco, donde pude sacar de mí todas esas emociones que habían permanecido ocultas para evitar que se enquistasen, para que no se quedasen por siempre escondidas en mí.

Fue a partir de entonces cuando volví a escribir, porque la escritura era el medio que mejor me permitía expresar lo que sentía y la poesía la herramienta a través de la cual mis emociones se mostraban tal como eran, libres de la servidumbre que les imponía el pensamiento racional. Tiempo después, gracias a la poesía, conocí a personas que coincidían conmigo en su confianza hacia el poder sanador de la palabra. Personas como Juanma, Esther, Xelo, Sara y María, junto a las cuales encontré en las palabras no sólo una manera de expresar mi dolor, sino también mi alegría. Porque, sí, una alegría nueva tiraba piedrecitas a mi ventana, y yo estaba decidida a abrirla de par en par y recibir a esos seres que acababan de llegar. Y tomé la alegría no como un derecho, sino como un regalo que no podía desperdiciar y del que debía disfrutar plenamente.

Todo a su tiempo y en su lugar. Las relaciones cambian y en algunos casos, cuando se puede compartir el dolor, se vuelven más profundas. Otras simplemente cambian. La cuestión es no tener prisa. Aceptar las emociones que se sienten como algo necesario a lo debemos hacer sitio para evitar que nos destruya y hacernos más fuertes. En esto consiste lo que llamamos resiliencia.

30.- LA VIDA EMPUJA

Se encontró de bruces con la vida
después de haber parido
un gigantesco dolor,
así que la cogió de las solapas,
la zarandeó pidiéndole explicaciones
y como no obtuvo respuesta
se la puso para diario
en lugar de guardarla para las ocasiones
como había hecho hasta entonces.

(Begoña Abad, *Cómo aprender a volar*)

Había pasado un año y medio desde la partida de Cristóbal cuando empecé a sentirme diferente, a recobrar la ilusión por ciertas cosas. Por ejemplo, a veces me maquillaba y disfrutaba haciéndolo, ya no era una rutina autoimpuesta para mi cuidado. Salía a la calle porque realmente tenía ganas de salir, no por obligación. Los colores comenzaban poco a poco a recuperar su brillo, y aunque no fuesen los mismos de antes sus matices eran más profundos. Esto no ocurrió de pronto, sino poco a poco. Recuerdo como un milagro el primer día en que reí a carcajadas y me sorprendí de ello como ante un milagro, pensando que Cris estaría muy feliz viéndome así, sin fingir la risa. Y digo milagro porque si un año antes alguien me hubiese dicho que volvería a reír le hubiese mirado con condescendencia, hubiese sonreído pensando que eso jamás volvería a ser posible.

Cuando vivía en Alicante conocía a personas con las que meditaba y compartía una visión profunda del mundo y de la existencia. Todo aquello nos ayudó a Cristóbal y a mí durante su enfermedad, y creo que de no haber estado presente esta práctica en mi vida es posible que acompañar a Cristóbal me hubiese superado. Fue otra pérdida que tuve que aceptar cuando llegué a Valencia, porque aunque se puede meditar solo de vez en cuando me gusta hacerlo con más gente ya que se genera una energía diferente. En esta nueva aventura una amiga me regaló un cuadro para la nueva casa, era una cabeza de Buda. En el momento que la colgué me dije que me gustaría conocer a gente con quien poder meditar. Así que acudí a mi ordenador y en el buscador escribí las palabras "meditación + gratis + Valencia". El resultado me salió de inmediato. Justo al lado de donde vivía había un centro budista donde impartían clases abiertas de meditación y se daba la casualidad que en una hora se impartía una meditación. Pensé en Cris y en su atracción por el budismo y lo interpreté como una señal. Fui allí y el sitio me encantó. Lo que más me gustó del lugar fue que tenía las puertas abiertas a sus actividades. Se impartían cursos sobre budismo, sobre la comunicación no violenta y clases de yoga. No era necesario profesar ninguna religión para asistir a los mismos, y esa libertad me gustó desde un principio.

Un tiempo después coincidí con una chica en un curso en ese centro budista. Nada más conocernos tuvo una intuición conmigo. Me dijo que estaba segura de que a mí me gustaba la poesía, lo cual despertó mi curiosidad, porque yo no había hecho ninguna referencia a mis gustos en ese sentido. Me dio la información de un recital poético que un amigo suyo iba a celebrar en un restaurante. Así que fui, porque cada vez estaba más convencida que las cosas suceden por alguna razón. Para mí lo que pasó ese día fue casi mágico, como dije antes, un milagro. Descubrí un restaurante muy especial, el Chez Lyon, regentado por Paco Mateu, un hombre bueno en el pleno sentido de la palabra. Paco es, además de un excelente profesional de la hostelería, poeta y amante de la poesía, y le gusta ceder el local los días en que está cerrado para celebrar recitales. Hombre dispuesto a colaborar con cualquier causa altruista, había creado un hermoso proyecto llamado "Comunicación desde la otra orilla". Consistía en un llamamiento a poetas y gente de la calle para que aportasen textos manuscritos originales escritos en pergaminos, que serían embotellados y vendidos con el fin de recaudar fondos para causas benéficas. La iniciativa, que se mantiene en el presente, tuvo desde su inicio una gran acogida: apoyada por los medios de comunicación y difundida en las redes sociales, enseguida comenzó a recibir multitud de colaboraciones y fue presentada a través de sucesivos recitales en diferentes ciudades.

Ese día actuaban algunos miembros del "Laboratorio de Valores", un proyecto interdisciplinar de Juan Manuel Vera en el que se aúnan diversas actividades relacionadas con el crecimiento personal, entre ellas un taller de lectura creativa, uno de cuyos trabajos se presentaba por la tarde en el Chez Lyon. Presenciándolo, se produjo el milagro. Durante su transcurso, Juan Manuel y Esther interpretaron textos de diferentes autores, épocas y géneros, y lograron sacar de mí a una niña alborozada que se divertía como nunca y recobraba sus ganas de jugar. Después de mucho tiempo, sentí por primera vez que estaba cumpliendo con mi parte del trato con Cris, que podía volver a disfrutar de la vida, sin fingir, auténticamente. Cuando terminó el recital yo rebosaba de entusiasmo, y esa sensación me duró casi toda la semana.

Decidí entonces unirme al "Laboratorio de Valores", porque la vida no se puede vivir a medias, porque no es para siempre y hay que aprender a sentir las emociones, tanto las negativas, como el apego, la tristeza o la rabia producidas por la pérdida de Cris, como éstas positivas de ahora, a través de las cuales se me daba la oportunidad de disfrutar de una manera sana de la vida. La vida es el aquí y el ahora, y experimentarla en plenitud nos hace estar realmente vivos. Mientras tenga esa consciencia, mi intención y mi actitud son las de abrirme a la plenitud cada vez que surja la oportunidad, y aquélla era una oportunidad de oro para que mi intención se tradujese en práctica. No haberlo hecho habría significado renunciar a la vida, y eso es algo que no deseaba para mí ni para Cris, cuyo sufrimiento me había hecho aprender tantas cosas.

Fue así como contacté con Juan Manuel para formar parte de su proyecto. Participando en él aprendí que las lecturas que de niña hacía en voz alta encerrada en mi habitación podía realizarlas ahora ante un público al que gustaba mi estilo. En cada sesión del taller se proponían unos textos y autores, de algunos de los cuales yo tenía noticia porque Cris me había hablado de ellos, lo que hacía que su lectura me resultase doblemente estimulante, y en todos los temas que abordábamos también lo sentía muy presente, porque eran los mismos con los que él y yo habíamos disfrutado tanto juntos.

También colaboré con Paco en su proyecto "Comunicación desde la otra orilla". Le pedí permiso para llenar algunos pergaminos con textos de Cris, ya que debían estar manuscritos por los propios autores, porque la primera vez que vi los poemas embotellados recordé el relato suyo en el que aparecíamos los dos metidos en una misma botella, como si nosotros mismos fuésemos el mensaje, y deseé que también él participase en algo tan hermoso. Después vinieron las veladas que Paco, con la energía que lo caracteriza, concertaba aquí y allá con el fin de difundir el proyecto. Y de esta forma empecé a recitar en público, leyendo, por supuesto, los textos de Cristóbal, haciéndolo revivir con mi voz, sintiendo que éramos de nuevo el equipo que siempre habíamos sido. Eran momentos de intensa plenitud producida por la certeza de que Cris, a quien no podía ni quería extirpar de mí, cobraba una nueva existencia dentro de mí, en mi corazón, ese lugar en donde tantas veces me había dicho que quería residir.

31.- LA MIRADA TRASCENDENTE

Si esta noche, mientras me dejo dormir, muero,
en absoluto me importa.
Tan sólo pediría calma y dulzura,
instalarme en la paz y salir
de la cáscara que me cobija,
así, poco a poco,
sin saber si es vida
o muerte
o nada,
y de repente, ser otra cosa.

No llevarme nada
pero llevarme todo.
Lo poco que tengo
lo dejo,
lo dejo y no me importa.
Lo dejo junto a mi cáscara
que a veces he confundido conmigo misma.

Sin embargo me llevo todo lo vivido,
especialmente el amor que sentí y siento.
Amor a la vida que me ha acogido,
a los sinsabores que resultaron sabrosos,
amor a la compañía de la amiga,
la que siempre está,
mi referencia, mi punto de anclaje.

*Amor a los niños que nunca tuve
y a los viejos que recuerdan el mar.*

*Desearía que sepas
que te perdono si no me quisiste,
y que te pido perdón
si no supe quererte
así, como tú merecías.
Porque a fin de cuentas,
sólo deseo llevarme el amor vivido.*

*Si me fuera esta noche,
no lloréis por mí,
yo no estoy llorando.
Sólo mirad el rostro de esa cáscara que dejo.
Sin lágrimas, sin risas, inerte.
Sin embargo, aquello que yo sea en ese instante
se alegrará de saber que me queréis,
que me quieres.
Que recuerdes mis pequeños detalles,
esos detalles que me hacen tan única
que permiten reflejarse a toda la humanidad.
Me alegraré si cuando me recuerdes
no puedes evitar sonreírte,
así, con dulzura.*

*No, no me importaría nada irme,
despojarme de este vestido
que me está dos tallas más pequeño,*

Este vestido que me separa del todo,
que me separa de todos,
que me limita con su piel.

Que pienso ir a la luz
de esos ángeles blancos que
me acurrucan en sus brazos invisibles
en las oscuras noches de mi alma,
para junto a ellos
acariciarte en tus noches oscuras.
Irme con mi amante, el que me espera.
Y juntos cuidar de vosotros.
No me importaría.

Poco he disfrutado de grandes lujos,
mansiones y fortunas.
Poco me importa.
He aprendido a disfrutar de pequeños momentos,
de caricias en el alma,
de alegrías y de pesares,
del sabor de los besos y los abrazos,
de las almas que llegan para quedarse,
aunque se vayan.
De las tardes calientes
y del agua fresca.
Todo esto lo atesoro en abundancia.

Por eso, no me importaría morir esta noche.
Pero si, a pesar de todo esto,

intuyo la luz de la mañana
tras mis párpados cerrados
y los abro,
tampoco me importaría
seguir almacenando tesoros
junto a ti.

(Candela Escribá, *Testamento*)

Los duelos no se superan, pero pueden ser integrados en nuestras vidas. Para que esa integración se produzca, es importante entender el duelo como un proceso en el que podemos intervenir activamente. No asumir ese papel activo supone dejar nuestro duelo en manos del tiempo, guiados por la creencia de que el tiempo todo lo cura.

Trascender un duelo requiere de compromiso y acción por parte de la persona que lo transita, de mucha paciencia, apertura y valentía para aprender a convivir con la ausencia que lo ha provocado. Es un aprendizaje en el amor, ya que tenemos que amar a quien ha partido de una manera no física y por ello se ha de practicar el desapego de la materia. Aprendemos a amar a esa persona aun cuando no esté, pues no necesita ya un cuerpo para ser amada. La visión de la vida y de la muerte cambia entonces radicalmente, mostrándolas como las dos caras de una misma moneda.

Todas las emociones subyacentes al dolor que produce la ausencia son vividas en el duelo: la culpa, la negación, la ira, el miedo… Reconocerlas, darles espacio y trabajarlas para saber de dónde vienen y cómo las podemos transformar en algo útil para nuestro crecimiento personal, de una manera creativa, son la prueba palpable de haber hecho las tareas del duelo.

El perdón y la gratitud son las claves del éxito, como también lo es el reconocimiento de que ese dolor que vivimos es fruto del amor que hemos sentido. Cuando comencé a acudir a las reuniones de los grupos de ayuda mutua percibí claramente dos cosas: dolor y amor. Veía a mi alrededor a personas destrozadas por la desaparición de un ser amado. Era un dolor parecido a una amputación, a la pérdida de algo que no se creía posible perder. No cerrar esa herida con el perdón profundo hacia uno mismo por aquello que no pudo evitar y hacia aquello que identificamos como su causa sólo conduce a un sufrimiento continuo, como si echásemos sal en la herida abierta cada vez que relacionamos algún momento presente con aquello que nos tocó vivir. Y el trabajo es interno. No podemos esperar a que alguien que nos hizo daño nos pida perdón, es algo que puede pasar o no, y aunque esto ocurra la decisión de perdonar y perdonarnos nos corresponderá a nosotros. Lo contrario significa vivir en el rencor hacia los otros o en el sentimiento de culpa, caminos que conducen a la desesperación y la ira, la cual, como dijo Shakespeare, es como un veneno que uno toma esperando que sea otro quien muera. Es una tarea difícil, porque para llegar a cerrar las heridas se necesita mucha comprensión y la voluntad de salir adelante, un compromiso con nosotros mismos. Pero disponemos, si somos capaces de darnos cuenta, de un caudal inagotable de gratitud, que es uno de los componentes esenciales del amor y de la felicidad. Gratitud hacia cada respiración, cada instante de vida, cada gesto de ternura propio o ajeno. Gratitud por el pasado que fue presente, por cada aquí y ahora de hoy, por los regalos que habrá de hacerme el porvenir.

En todo este camino el dolor viene a oleadas. Te salpica, te sumerge y se vuelve a retirar. Unas veces las olas son más violentas y otras simplemente nos sostienen a la deriva. Vienen y van mientras estamos a su merced. Nos llevan y nos traen mientras nos afanamos por permanecer inmóviles. ¿Qué sentido tiene luchar contra el mar, tratar de impedir su fluir?

Negar el dolor, pretender que nada está ocurriendo, no aceptar los cambios, desear la permanencia en un mundo donde nada permanece, nos hace ser como una roca en un acantilado, golpeada incesantemente por las olas con fuerza, erosionada hasta su desgaste definitivo. Pero podemos hacernos boya adaptándonos a las embestidas. Subir, bajar, balancearnos hasta doblarnos por completo para volver después a nuestro centro. Entender la naturaleza del mar para convertirnos en parte de él. Saber que la fortaleza no es la dureza o la insensibilidad de la piedra, sino la flexibilidad para adaptarse a lo que en la vida nos pasa.

La muerte deja entonces de ser algo aterrador, porque sabemos que no puede matar al amor, que sólo afecta a la materia y, por lo tanto, que sólo existe la muerte física. Ese otro ser que era tan parte de nosotros y que ahora ya no está simplemente se nos adelantó en ese viaje que todos habremos de emprender. Y en muchos casos incluso se puede percibir, su presencia puede ser sentida. En ocasiones es una sensación sutil, la intuición de que esa persona anda cerca. Otras veces está en aquellas cosas que hacemos gracias a que pasó por nuestras vidas, esa manera única de tocarnos es lo que hace que esté presente. La muerte se convierte simplemente en un recordatorio de que estamos aquí de paso, algo que hasta entonces era una idea abstracta se concreta en esa persona tan amada por nosotros. En ese momento nos hacemos conscientes de que la vida y la muerte son sólo estaciones de paso, y de que lo decisivo es darnos cuenta del milagro de estar vivos cada día en cada una de las formas que adopta nuestra existencia, aprender a decir lo que sentimos, no postergar decisiones que debemos tomar, saber que el amor es más importante que las pequeñas rencillas. Cuanto antes nos atormentaba, el orgullo, los prejuicios, pasan a un segundo lugar y tratamos de ver más allá de las cosas visibles.

En el particular camino de mi duelo, después de dos años y medio de la partida de Cris y unos meses antes de nuestro tercer aniversario de boda, yo ya había dado pasos de gigante. Dentro del laberinto había mirado cara a cara a mi dolor en varias ocasiones, y había ocurrido el milagro de volver a apreciar el color en mi vida. Había descubierto actividades como los recitales en los que participaba, que me habían devuelto la ilusión de vivir. Hacía ya un tiempo que prestaba servicios como voluntaria en la asociación y cuando en septiembre nos reunimos para organizar las actividades del año siguiente se me ocurrió la idea de celebrar un recital de poesía. Mi propuesta fue aceptada de inmediato y se puso fecha a la actividad, sin que en aquel momento me diese cuenta de su proximidad con el día de mi aniversario.

Para mí supuso una responsabilidad. ¿Qué podía aportar ese recital en nuestro trabajo con el duelo? Al mismo tiempo me hacía ilusión corresponder a lo mucho que me había ayudado la asociación en mi camino. A partir de ese momento todo se desarrolló con rapidez. Las ideas venían, y las imágenes de lo que iba a suceder no eran buscadas sino que aparecían.

Invité a mis padres, que estuvieron en primera fila, algo muy importante para mí, porque compartí con ellos gran parte de lo que era mi vida en ese momento y también porque cosas que nunca les había contado sobre mi duelo fueron expuestas en público. Creo que ese día estaba más nerviosa por eso, hablar delante de mis padres, que por el propio recital. Allí estuvo la asociación en pleno, muchas personas que habían transitado conmigo y otras recién llegadas que empezaban su camino en ese momento. También fue mi regalo de aniversario a Cris. La primera parte del recital consistió en un diálogo poético entre textos suyos, a los que dio voz Juan Manuel, y míos. La segunda parte, un recorrido por los momentos y emociones del duelo a partir de poemas de la literatura universal, contó con la participación de nuestras compañeras del "Laboratorio de Valores", Esther, Sara y Xelo, y de todos los miembros de la asociación Caminar.

Tras el recital un par de amigas de la asociación me regalaron sendos ramos de flores, uno de lilas (que era el color elegido para los detalles en mi vestido de boda) y el otro de siemprevivas (las flores que tenía mi ramo de novia). Me emocioné muchísimo, ellas no lo sabían, pero para mí fue un regalo que vino del mismo cielo.

Durante aquella velada fluyó todo de una manera mágica, mejor incluso de lo que había imaginado. Y para mí se revistió de una gran carga simbólica, pues sentía que había llegado a mi centro en el proceso del duelo. A partir de entonces tuve la certeza de que Cris me acompañaría el resto de mi vida a la vez que sería esa gran ausencia presente en todo momento. Yo seguiría viviendo a pesar de que la vida doliese, pues ese dolor significaba que estaba viva y yo aceptaba el reto.

******

Cris y yo nos conocimos un día de luna llena. Ni por un momento sospechamos que la historia que las Parcas habían tejido en su tapiz para nosotros iba a transcurrir de la forma en que lo hizo. Lo que sí sentimos desde el inicio fue que lo que nos unía era algo profundo, algo superior a nosotros mismos, algo contra lo que no luchamos en ningún momento. Sólo sé que las horas vividas junto a Cris compensan con creces el dolor de esta ausencia suya que poco a poco acepto con mayor naturalidad, porque él está presente en mí y en todo lo aprendido a su lado. Seguimos ligados en nuestras raíces más profundas, ésas que no necesitan de átomos para existir.

******

Ésta es nuestra botella lanzada al mar, el pergamino donde late el pulso de unas manos que se descubrieron hechas para las caricias y la escritura, hoy tendidas en el aire, abiertas a las manos de todos los náufragos del mundo. Contiene el relato de dos pequeñas vidas que la fuerza creadora del amor hizo grandes, la historia de dos barcos que echaron sus anclas en la isla donde la felicidad es posible, donde el amor vence a la muerte. Y porque los dos lo sabemos, compartimos nuestro mensaje con quien quiera abrirla, para brindar con este vino excelente que nos une en las distancias, el mismo que un día dejó el sabor de mi nombre en su boca.